Elsbeth Walch

Wenn's auch nicht immer leicht war, Mutter!

johannis

Leicht gekürzter Nachdruck des ersten Teils
des 1982 erstmals erschienenen Buchs.

Bibliografische Information Der Deutschen Bibliothek
Die Deutsche Bibliothek verzeichnet diese Publikation
in der Deutschen Nationalbibliografie;
detaillierte bibliografische Daten sind im Internet über
http://dnb.ddb.de abrufbar.

ISBN 3-501-01486-4
TELOS-Großdruck-Taschenbuch 77862

Umschlagbild: N. Kustos
Gesamtherstellung:
St.-Johannis-Druckerei, Lahr/Schwarzwald
Printed in Germany 15557/2004
www.johannis-verlag.de

Inhalt

Ein Bild aus dem Familienalbum

So reizvoll es sein mag, ein Familienalbum aus früherer Zeit durchzublättern – wenn man es wieder aus der Hand legt, steht man, vielleicht unbewußt, unter dem Eindruck, daß das Leben früher eine recht düstere Angelegenheit war. Davon abgesehen, daß die meisten Gesichter, die uns aus den vergilbten Bildern anblicken, längst selbst verblichen sind; aber blicken sie uns nicht alle so an, als hätten sie nichts anderes vor Augen als die unausweichliche Vergänglichkeit alles Irdischen? Tod-ernst im wahrsten Sinn. Und dabei freuten sich doch gewiß auch unsere Großeltern und Urgroßeltern zu ihrer Zeit ihres Lebens, nahmen es als ein wunderbares Geschenk aus des Schöpfers Hand! Aber freilich – wenn da so ein Photograph stand mit dem schwarzen Kasten und seine Vorbereitungen traf, da galt es, seine Würde hervorzukehren und sich darzustellen, wie die Ahnen in früheren Jahren sich von Malern hatten abbilden lassen. Hätten diese etwa lächeln können, die ganzen Stunden, die sie als Modell sitzen mußten? In mildem Ernst, so ließ sich das wohl am leichtesten durchstehen. Und diesen Ernst hielt man auch angesichts der Photographen für angemessen. Es vergingen Jahre, bis die Leute mit der Kamera das »Bitte recht freundlich!« zum Leitspruch erwählten.

In unserem Familienalbum ist ein Bild, das nicht in dieses Schema paßt, und wohl aus diesem Grund mag ich es besonders gern. Wie vergnügt sie mich da anblicken, der kleine Bruder lacht wahrhaftig übers ganze Gesicht. Die Mutter versucht, ihre Belustigung zu unterdrücken; zum Glück gelingt es ihr nicht recht, dem Vater schon eher. Wirklich ernst bleibe nur ich selbst: was die andern zum Lachen reizte, konnte ich nicht lustig finden; höchstens verwunderlich, wenn nicht gar beängstigend. Ich war erst ein halbes Jahr alt, da ist der Sinn für Komik noch nicht richtig ausgebildet.

Ich fragte einmal meine Mutter nach der Entstehung dieser Aufnahme. »Ach – das Bild mit den lächerigen Gesichtern«, sagte sie und schmunzelte. »Es war Gerhardles Esel, über den wir lachen mußten.« Und sie erzählte, wie es zugegangen war.

In der Zeit, als mein Vater Lehrer in Beutelsbach war, kam eines Tages der Photograph aus Schorndorf, um eines jener Bilder zu knipsen, auf denen die gesamte Schuljugend verewigt werden sollte, flankiert von den Lehrern. Gerhardle, kaum dreijährig, stand in gebührendem Abstand, hielt seinen geliebten

Plüschesel im Arm und beobachtete den Vorgang aufmerksam. Als das Werk beendet war, fiel es meinem Vater ein, bei dieser Gelegenheit auch gleich seine kleine Familie aufnehmen zu lassen, ein Bild für die Mäderhof-Großmutter, die bald Geburtstag hatte. Es gab nichts, womit man sie mehr beglücken konnte. So wurde die Mutter mit dem Jüngsten herbeigeholt und die kleine Gruppe vor der Tür des Schulhauses arrangiert. Der Esel allerdings wurde nicht für würdig befunden, mit aufs Bild zu kommen, er sah schon gar zu mitgenommen aus; er konnte kaum mehr auf den ausgeleierten Beinen stehen, der Schwanz war ausgefranst, ein fehlendes Auge durch einen Hosenknopf ersetzt. Aber Gerhardle liebte ihn innig und war über die Zurücksetzung gekränkt. Mit grimmigem Gesicht stand er neben der Mutter. »Jetzt wird gleich ein Vögelchen hier aus dem runden kleinen Fenster fliegen!« verhieß der Photograph.

Gerhardle blickte zum Vater hoch und sagte mit dem tiefen Ernst der Dreijährigen: »Ist nicht wahr! Vorhin ist auch keins rausgeflogen.« Die blauen Augen funkelten trotzig.

Da hatte der Photograph eine Idee: »Hast du gewußt, Kleiner, daß dein Esel tanzen kann?« Er griff sich das Plüschungeheuer, und während er mit einer Hand den Apparat bediente, ließ die andere wahrhaftig den Esel ausgelassen durch die Luft hopsen. Der Esel schien ganz außer sich vor Übermut, Schwanz und Ohren flogen nur so. Gerhardle war ausgesöhnt und strahlte, der Photograph drückte auf den Auslöser. So bekam die Großmutter ein vergnügliches Geburtstagsbild und konnte sich gar nicht satt daran sehen. Daß das Strahlen des kleinen Enkelsohns dem Plüschesel galt, das störte sie nicht – er lachte ihr doch mitten ins Herz!

Wenn meine Mutter so fröhlich dreinschaut auf dem Bild, so galt ihre Freude und ihr Stolz vielleicht auch der kleinen Tochter auf ihrem Schoß. Sie hatte sich nach dem Buben so sehr ein kleines Mädelchen gewünscht, lieb und nett – ein rechter Sonnenschein. Arme Mutter! Ich muß, als ich erst einmal laufen und sprechen konnte, von recht kritischem Geist gewesen sein, und dieser wandte sich schon früh gegen meine Mutter. So las ich in einem Brief, den mein Vater in jener Zeit an die Großmutter geschrieben und den sie aufgehoben hat, einen Bericht, der mir recht bezeichnend scheint:

»Heute bekamen wir von Dippons einen Korb schöner, gelber Butterbirnen. Elsbeth wollte sofort eine haben, aber da es kurz vor

Mittag war, wehrte die Mutter: ›Vor dem Essen bekommst du keine!‹ Die Kleine konnte die Augen nicht vom Korb losreißen, sie bettelte und quengelte, bis Mutters Widerstand erlahmte. ›So nimm dir eben eine!‹ Da saß nun das Kind auf seinem Schemelchen, die Händchen konnten kaum die köstliche Frucht umspannen, es schmatzte und schwelgte. Doch über die Birne hinweg blickten die Augen nachdenklich, fast ein bißchen hinterhältig. Und als der letzte Bissen verschluckt war und die Mutter mit einem Tuch kam, um dem Kind Mund und Kinn abzuwischen, da sagte Elsbeth: ›Mutter, du kommst in die Höll!‹

›Ich? Aber warum denn – was hab ich getan?‹

›Du hast gelogen. Du hast gesagt, ich bekomm keine Birne, und dann hast du mir doch eine gegeben!‹

Halb verlegen, halb triumphierend guckte sie die Mutter an. Die war ziemlich betroffen, zumal es bei uns gar nicht üblich ist, von der Hölle zu reden oder gar mit ihr zu drohen. Daß man es mit der Wahrheit ernst nehmen müsse, das allerdings prägen wir den Kindern immer wieder ein. Doch war die Mutter nicht darauf gefaßt, es in dieser Weise vorgehalten zu bekommen. Als sie es mir später erzählte, da lachten wir miteinander über die durchtriebene Krott, die ja doch ihre Birne erst verspeiste, ehe sie ihre Weisheit von sich gab ...«

Soweit der Bericht meines Vaters. Aber wenn meine Mutter damals wirklich von Herzen gelacht hat – ich fürchte, das Lachen ist ihr in der Folgezeit manchesmal vergangen. Denn aus der kleinen »Krott« wurde eine große »Krott«. Und aus irgendeinem verborgenen Gesetz unserer Natur wuchs zwischen Mutter und Tochter eine geheime Feindseligkeit auf, ein wechselseitiges Kräftemessen, Die-Oberhand-gewinnen, Das-letzte-Wort-behalten-Wollen. Manchmal unterschwellig, manchmal offen ausbrechend und voll Erbitterung. Doch es gehört zu den schönsten Erfahrungen meines Lebens, daß die Liebe darunter nicht verschüttet wurde, wenn es auch zuweilen so scheinen wollte; daß trotz allen Kämpfen die Liebe das letzte Wort zwischen uns behalten durfte.

Wenn ich meinen Vater auf dem Familienbild betrachte, so überkommt mich eine seltsame Rührung. Ihn liebte, bewunderte ich uneingeschränkt, solang ich denken kann. Meine Brüder übrigens genauso. Dabei waren seine Grundsätze für uns Kinder durchaus nicht immer leicht zu akzeptieren. Etwa, wenn es um Wahrhaftigkeit ging ...

Ich erinnere mich, wie ich zum erstenmal allein mit meinem Bruder in die Ferien fuhr, zur Großmutter auf den Mäderhof. Gerade bei Ferienbeginn wurde mein Bruder zwölf Jahre alt, das bedeutete, daß er nicht mehr mit Kinderfahrkarte reisen durfte. Wir lebten sparsam, und es wurde beschlossen, den Lehrer zu fragen, ob wir schon einen Tag früher freibekommen könnten. So traten wir einen Tag vor dem Geburtstag unsre Reise an. Am Ende der Ferien standen wir wieder auf dem Bahnhof in Aalen, vor dem Fahrkartenschalter, und Gerhard verlangte für uns beide Billets. Der Beamte musterte uns einen Augenblick – wir waren eher klein für unser Alter – und reichte uns dann ohne Zögern zwei Kinderfahrkarten durch den Schalter. Wir stutzten, aber nur einen Augenblick; dann zogen wir hochbefriedigt ab. Zu Hause angekommen, erklärten wir beinahe stolz, wieviel wir gespart hatten – wohlgemerkt, ohne zu lügen! Gerhard hatte einfach gesagt: »Zweimal nach Nürtingen.« War das nicht großartig gelaufen? Aber nein, Vater fand es überhaupt nicht großartig. Die Wahrheit zu verschweigen war für ihn so schlimm wie eine Lüge. In aller Ruhe verlangte er, Gerhard müsse auf der Stelle zum Bahnhof zurückgehen, eine halbe Fahrkarte nach

Aalen lösen und nach Hause bringen. Das war hart – ein Weg von fast einer halben Stunde! Der Empfangskuchen stand schon auf dem Tisch, der Kakao duftete, und selbst die Mutter fand, für den Gang sei auch später noch Zeit. Aber Vater blieb unnachgiebig. Der Kakao bekam eine Wärmehaube übergestülpt und wir warteten, bis Gerhard zurückkam. Vor unseren Augen zerriß der Vater die Fahrkarte. Damit war die Sache erledigt, und alle setzten sich in der fröhlichsten Stimmung um den gedeckten Tisch. Keines grollte, denn wir spürten, daß Vater recht hatte.

Wir wußten auch zu jeder Stunde, daß Vater uns liebhatte und bereit war, alles für uns zu tun, was in seiner Macht stand. Unvergeßlich ist für mich eine kleine Episode aus früher Kindheit – ich muß noch sehr klein gewesen sein, denn ich erinnere mich an keine Nebenumstände. Vermutlich machten wir eine Wanderung, wie sie bei uns damals sehr beliebt waren, auf den Hohenneuffen oder die Teck. Dabei muß ich vorwitzig von unsrem schmalen Pfad abgekommen sein, vielleicht, um einen seltsam geformten Steinbrocken aufzuheben. Jedenfalls kam ich an abschüssiger Stelle ins Rutschen, es ging unaufhaltsam abwärts, und unter mir, immer näher, drohte eine jähe

Felswand. An einem kleinen Strauch konnte ich mich festhalten – aber da hing ich nun hilflos, meine Füße fanden keinen Halt mehr. »Vater! Vater!« schrie ich in höchster Angst. Da sah ich über mir die Eltern, die voller Schrecken auf mich herabschauten. »Halt dich fest«, rief mein Vater, »ich hol dich herauf!« Und augenblicklich begann er, mit aller Vorsicht mir nachzuklettern. Die Mutter derweil stand oben und rang die Hände. »Vater – bleib – du wirst abstürzen!« rief sie fassungslos, verzweifelt, einmal ums andere. Ich aber hatte plötzlich keine Angst mehr. Ich achtete nicht auf meine Mutter – mochte sie jammern! Ich sah auf den Vater, der Stück für Stück näher kam, der mich ermahnte, mich ganz ruhig zu verhalten, bis er mich bei der Hand fassen und langsam nach oben ziehen konnte. Ich bin sicher, ich habe es meiner Mutter damals nicht übelgenommen, daß sie genaugenommen den Vater angefleht hatte, mich im Stich zu lassen; ich wußte, was er für sie bedeutete – sie konnte sich keine Zukunft vorstellen ohne ihn. Uns allen ging es ja so ... Aber das Bild des Vaters leuchtete über meiner Kindheit wie ein Stern, und ihm verdanke ich es wohl auch, daß es mir niemals schwergefallen ist, an einen guten Vater im Himmel zu glauben.

Dabei hatte ich im Grund nie eine sehr nahe, vertraute Beziehung zu meinem Vater. Er hatte neben seinen vielfältigen Aufgaben – als Lehrer, als Organist und Chorleiter, als Mitarbeiter beim CVJM – nur wenig Zeit, sich mit uns Kindern zu beschäftigen. Am ehesten hatten wir ihn für uns bei den gemeinsamen Familienspaziergängen. Und da war es für gewöhnlich die Mutter, die das Wort führte, ein Grund, weshalb mir diese Spaziergänge immer lästiger waren, je älter ich wurde. Nur selten war ich mit Vater allein unterwegs. Dabei wurde allerdings nur wenig zwischen uns gesprochen; Vater liebte und brauchte Stunden der Stille. Doch erinnere ich mich gern an solche stillen Gänge, vor allem auf dem Mäderhof in den Ferien. Ich spürte dann, wie er die feierliche Ruhe der Landschaft genoß. Immer wieder blieb er stehen, beobachtete hingenommen eine Feldlerche in ihrem Flug oder sagte irgendein Wort, das ihm gerade durch den Sinn ging. Etwa:

»Herr, wie sind deine Werke so groß und viel! Du hast sie alle weislich geordnet, und die Erde ist voll deiner Güter.« Einmal gingen wir vor dem Schlafengehen noch ein wenig ins Freie. Ein silberklarer Mond stand am Himmel, Dunstschleier woben über dem Tal. Da tat der Vater einen tiefen Atemzug und sagte:

»Der Wald steht schwarz und schweiget,
und aus den Wiesen steiget
der weiße Nebel wunderbar.«

Dann gingen wir weiter. Aber ich fühlte mich – vielleicht zum erstenmal – angerührt von der Schönheit und dem Geheimnis der Nacht. Das Bild und die Worte prägten sich mir unauslöschlich ein.

Ja, ich verehrte meinen Vater mehr als irgendeinen anderen Menschen auf der Welt. Aber es gab kaum je einen Gedankenaustausch zwischen uns. Während meine Brüder sich ihm auf manchem einsamen Spaziergang anvertrauten, blieb ich auch später mit meinen vielen halb zu Ende gedachten Fragen, Zweifeln, Problemen meist allein. Aber doch war er der feste Orientierungspunkt für mich, und ich hätte es nur schwer über mich gebracht, eine Entscheidung zu treffen, die nicht in seinem Sinne gewesen wäre.

Vaters Lieblingsdichter war Matthias Claudius. Das Lied »Der Mond ist aufgegangen ...« war für ihn der Gipfelpunkt aller Poesie, unerreichbar, unübertrefflich. Und wenn ich heute an meinen Vater zurückdenke, so ist es auch ein Gedicht von Matthias Claudius, das mir immer wieder in den Sinn kommt, weil es in aller Schlichtheit das ausdrückt, was ich empfinde, wie ich es niemals selbst ausdrücken könnte. Es ist »Bei dem Grabe meines Vaters«, mit dem Vers:

»Träufte mir von Segen, dieser Mann,
wie ein milder Stern aus bessern Welten!
Und ich kann's ihm nicht vergelten,
was er mir getan ...«

Ich habe in jungen Jahren Lust verspürt, das Leben meines Vaters in einem Buch nachzuzeichnen. Doch das war kindisch – ich weiß ja viel zu wenig von ihm. Ich wäre in Gefahr, sein Bild zu verklären, alles wäre verzuckert und verlogen. Nein, ich werde nicht sehr viel von ihm erzählen. Immer war es in erster Linie die Mutter, mit der ich mich auseinandersetzen mußte, und ihr sollen auch diese Erinnerungen gewidmet sein. Aber wie auf dem Familienbild sein Gesicht in mildem Lächeln auf uns niederblickt, so wird er auch auf diesen Blättern seinen Platz haben.

Von Vaters Kindheit und Jugendzeit

weiß ich nur wenig und fast nur von andern, da er selbst wenig erzählte. Sicher ist, daß er es von klein auf nicht leicht hatte. Er verbrachte seine frühen Jahre auf dem abgelegenen »Mäderhof« als eines der jüngsten von zwölf Geschwistern. Von seinem Vater Michael Schmid weiß ich nicht viel mehr, als daß er allerlei religiöse Betrachtungen in schwarze Wachstuchhefte schrieb. Er soll darum gebetet haben, daß keines seiner Kinder jemals reich werden möge. Dies hat sich auch tatsächlich erfüllt; doch fand jedes im Leben sein gutes Auskommen. Als Landwirt muß dieser Vater versagt haben, jedenfalls verarmte die Familie immer mehr. Doch nach seinem frühen Tod hielten Mutter und Kinder treulich zusammen, so daß sie nie wirklich in Not gerieten. Immer konnten sie sich satt essen an Schwarzbrot, Milch, Kartoffeln. Ein Ei – das gab es für jedes nur einmal im Jahr, zum Geburtstag – vorausgesetzt, daß eines zur Verfügung war und der Geburtstag nicht überhaupt vergessen wurde. Die Mutter aber trug an jedem Markttag den Korb mit Eiern, Butter und gerupften Hähnchen auf dem

Kopf den weiten Weg durch den Wald nach Aalen. Sie war schmächtig, aber überaus energisch und zäh. Dabei eine fromme herzensgute Frau – ich habe sie noch gekannt und sehr geliebt. Ihr Leben war ein einziger Kampf ums Durchkommen, aber sie beklagte sich nie.

Der kleine Gerhard, seines flachsblonden Schopfs wegen »Schimmele« genannt, wurde hauptsächlich von seinen älteren Schwestern versorgt. Seine Schwester Lydia soll einmal prophezeit haben: »Der Kleine wird bestimmt riegeldumm – so oft ist er aus dem Kinderwagen und auf den Kopf gefallen!« Seine Lehrer waren anderer Ansicht. Doch hätte er wohl nie eine Ausbildung erhalten können, wäre nicht sein ältester Bruder als Mathematiker am Lehrerseminar in Künzelsau tätig gewesen. Dieser, obwohl Junggeselle und Sonderling, nahm den Jungen zu sich und kümmerte sich um seinen Bildungsweg.

Vor der Abschlußprüfung durften die Lehramtsbewerber nochmals in die Ferien reisen. Gerhard arbeitete auf dem Mäderhof von früh bis spät, im Stall und auf den Feldern. Nachts, wenn die andern schliefen, lernte er für die Prüfung. Die Ferien gingen zu Ende, er kehrte nach Künzelsau zurück. Doch dort erlitt er einen völligen Zusammenbruch seiner Kräfte.

Seine Lehrer schickten ihn nochmals nach Haus und baten seine Mutter in einem Brief, dafür zu sorgen, daß er einige Tage unbedingte Ruhe habe. Er wurde diesmal geschont, konnte rechtzeitig nach Künzelsau zurückkehren und bestand die Prüfung als Bester.

Einige Monate war er nun als junger Lehrer am Seminar Tempelhof bei Crailsheim tätig. Dort schloß er herzliche Freundschaft mit dem einige Jahre älteren Kollegen Friedrich Tripps. In diese Zeit fiel auch die erste und einzige »Liebesgeschichte«, die er vor der Begegnung mit meiner Mutter erlebte, wenn man es überhaupt als solche bezeichnen kann. Im Internat führte Fräulein Pauline die Wirtschaft – gescheit und umsichtig trotz ihrer Jugend. Gerhard bewunderte sie sehr, ja er begann sie insgeheim zu verehren. Doch bald ahnte er, daß es auch seinem Freund Friedrich nicht anders erging, obgleich beide sorgfältig bemüht waren, ihre Gefühle zu verbergen. Dann kam der Kriegsausbruch, beide Freunde wurden einberufen. Da beschloß Gerhard, das Schweigen zu brechen.

»Sag mal ehrlich, Friedrich – du hast doch ein Auge auf Fräulein Pauline – oder irre ich mich?«

»Du irrst dich nicht.«

»Weiß sie davon?«

»Nein.«

»Aber wenn wir jetzt einrücken müssen – willst du sie nicht fragen?«

»Das will ich«, sagte Friedrich. »Sie fährt morgen nach Haus, ins Remstal; ich will sie dort besuchen und auch gleich mit ihren Eltern sprechen.«

Das war ein guter Weg, fand auch Gerhard. Und als die Freunde voneinander Abschied nahmen, sagte er: »Wirst du mir Nachricht geben, Friedrich, wenn du Bescheid bekommen hast im Remstal?«

»Aber sicher.«

Wenige Tage später erhielt Gerhard ein Telegramm aus dem Remstal. Es bestand aus einem einzigen Wort: »Ja.«

Damit war die Geschichte zu Ende. Meine Mutter hat sie mir in späteren Jahren einmal anvertraut, und – ich kann es nicht erklären – sie rührte mich mehr als irgendeine andere.

Übrigens blieben Familie Tripps und unsre Familie einander immer herzlich verbunden.

Gerhard wurde Soldat, wurde Offizier und Kompanieführer. Erhielt das Eiserne Kreuz und den goldenen Friedrichsorden mit Schwertern. Überall wurde seine Zuverlässigkeit geschätzt. Doch das Kriegserleben war eine starke Belastung für seine empfindsame Natur. Die Auszeichnungen bedeuteten ihm nichts, und zeit seines Lebens hat er es für das wichtigste Ziel jeder Politik gehalten, den Frieden zu bewahren.

So war das Leben für meinen Vater von Anfang an eine ernste Sache. In einem Brief an meine Mutter während ihrer Verlobungszeit schreibt er einmal: »Ich bin nie ein froher Bub gewesen ...« Der Beginn des Lebens meiner Mutter liegt, damit verglichen, in strahlendem Licht, obgleich früh genug auch dunkle Schatten darauf fallen sollten.

Mutters Kindheit

im Pfarrhaus und im Töchter-Institut

Über die frühen Jahre meiner Mutter weiß ich viel, denn sie hat immer gern davon erzählt, hat ihren Kindern und Enkelkindern alles so lebendig vor Augen gestellt, daß wir uns fast einbilden konnten, wir hätten es selbst miterlebt. Und ich muß auf der Hut sein, daß ich die Bilder nicht gar zu breit ausmale.

Ich sehe vor mir das Pfarrhaus in Ispringen bei Pforzheim mit großem Garten; ein hübsches, kleines Mädchen mit kastanienbraunen Locken, nach fünf Brüdern die Freude und das Glück ihrer nicht mehr ganz jungen Eltern. Ein hingebungsvolles Puppenmütterchen; wenn Papa nach Tisch ein kleines Nickerchen machen will, kann es geschehen, daß sein ganzes Sofa voller Puppen sitzt, eine neben der andern. Aber natürlich ist Anna sofort bereit, ihm Platz zu schaffen – sie ist fast unwahrscheinlich lieb und folgsam. Wilhelm allerdings, der jüngste der Brüder, findet, das sei keine Kunst, wenn man von jedermann verwöhnt und mit Samthandschuhen angefaßt wird. Er ist im Alter am nächsten und kommt noch einigermaßen als Spielgefährte in Frage, doch da geht es nicht ohne Reibereien ab.

»Mamaaa! Der Wilhelm streckt die Zunge gegen mich raus!« – »Aber Bub, du sollst doch nett mit deinem Schwesterlein umgehen!« »Aber hör mal, Mama – darf ich mir nicht mehr die Mundwinkel ablecken?!« Und eifrig läßt er die Zungenspitze nach allen Richtungen aus dem Mund schnellen und blinzelt dabei unverschämt der entrüsteten kleinen Schwester zu. Er ist der Spaßvogel der Familie, und Anna hat manches von ihm auszustehen.

Aber einmal hat auch die kleine Anna etwas Schlimmes angestellt. Zuerst war es zwar, was man »ein gutes Werk« nennen könnte: Anna hat im Auftrag ihrer Mama eine alte Frau besucht, die von jedermann nur die »Witfrau« genannt wird; sie soll ihr zum Weihnachtsfest Gebäck, eine Tüte Kaffeebohnen und einen warmen Unterrock bringen, denn die Frau ist sehr arm. Anna macht solche Besuche gern, und bei der »Witfrau« noch lieber als sonstwo; denn in deren Häuschen starrt alles vor Schmutz – kaum daß die verkrusteten Fensterscheiben noch Licht einlassen. Anna, die aus einem blitzsauberen Heim kommt und Reinlichkeit als Lebensnotwendigkeit empfindet, genießt gleichwohl den heimlichen Schauder, wenn sie mitten in dieser Küche steht, selbst frischgewaschen und nett gekleidet; mit großen Augen blickt sie um sich und nimmt alles in sich auf, während die »Witfrau« ihr Körbchen leert und Dankesworte brabbelt. Gleich wird sie wieder draußen stehen und die klare Winterluft tief einatmen. Aber da plötzlich hat die »Witfrau« eine Idee, ihr Runzelgesicht unter den zottigen Haarsträhnen verklärt sich. Sie lacht – Anna sieht die zwei schwarzen Zahnstümpfe: »Ich hab was für dich, Annäle – ganz was Feines! Hab frisch Brot gebacken, es ist noch warm, und du kriegst das Beste davon, das Knäusle!« Ja, so ein Knäusle, das ist schon was Gutes, nur nicht von der Witfrau, nicht aus dieser klauenähnlichen Hand mit einem Netzwerk von eingefressenem Schmutz! Sehr zögernd greift Anna nach dem dargebotenen Brot und möchte jetzt gehen. Aber die »Witfrau« will sich den Anblick nicht entgehen lassen, wie dem Annäle das Knäusle so prächtig schmeckt, und vorher gibt sie auch den Korb nicht zurück. Das Kind steht wie gelähmt, keine Ausrede fällt ihm ein, aber es kann keinen Bissen zu sich nehmen. Dem Weiblein dauert die Sache zu lange, es geht für einen Augenblick in die Kammer nebenan, um die Gaben aus dem Pfarrhaus auf ihrem Bett auszubreiten. Hilfesuchend schaut sich Anna um. Dort in der Ecke steht das hölzerne Butterfaß, und hastig flüchtet sie dorthin, bricht das Knäusle in Stücke und wirft sie in das Faß. Als die »Witfrau« wieder in die Küche tritt, wundert sie sich: Das Kind steht hochrot mit leeren Händen, greift schnell nach seinem Korb und schießt davon. »Hat's dir geschmeckt, Annäle?« Darauf bekommt das Weiblein keine Antwort mehr. Doch am Abend kommt die »Witfrau« ins Pfarrhaus gehumpelt, lamentierend stellt sie ihren Henkelkorb auf den blanken Küchentisch und packt aus. Sie hat gebuttert, und nun ist die ganze Butter verdorben, alles mit Brotkrumen vermischt. Wie soll sie das zum Markt bringen? Die Frau Pfarrer wird herbeigerufen, und Anna, die kleine Missetäterin, drückt sich mit zerknirschtem Gesicht auf die Seite. Aber Mama macht kein Aufhebens. »Sie können die Butter hierlassen, Witfrau, wir werden sie auslassen und zum Kochen verwenden. Natürlich bekommen Sie den vollen Preis ...« Hochbefriedigt zieht das Weiblein ihres Weges, nun ist ihr sogar der Marktgang abgenommen. Anna aber schmiegt sich dankbar an die Frauengestalt, die selbst fast so zart und zerbrechlich ist wie ein Kind.

Auch der Papa liebt sein Nesthäkchen zärtlich, auch wenn er nicht viel Zeit übrig hat. Anna bekommt ihre ersten Klavierstunden, und von Zeit zu Zeit darf sie dem Papa vorspielen und ihre »Fortschritte« zeigen. Sie bringt es bis zum »Fröhlichen Landmann« – er klingt mit der Zeit ganz annehmbar und schließlich geradezu flott. Aber wenn die Kleine sich mit was Neuem herumplagt, dann sagt Papa plötzlich mitten in das Geholper:

»Weißt du was, Anna – jetzt spielst du mir noch den ›Fröhlichen Landmann!‹« Dann blättert Anna erleichtert zurück und legt los – das geht schon wie von selbst. Sie bekommt ihr Lob, darf auf Papas Schoß klettern und den Schaum von seinem Bier abtrinken. Sie schüttelt sich, Papa und Mama lachen, und alle sind sehr glücklich.

Nach der Grundschule muß Anna auswärts zur Schule, jeden Tag mit der Bahn nach Pforzheim. Sie fürchtet diese schrecklichen Waggons mit den Abteiltüren, die für Kinderhände so schwer zu öffnen sind. Bruder Wilhelm kann das Necken niemals lassen, er witscht gerade vor der Schwester ins Abteil und schlägt die Tür hinter sich zu. Was kann es ihr schaden, ein paar Augenblicke ängstlich und ratlos draußen auf dem Bahnsteig zu stehen – er wird schon rechtzeitig wieder aufmachen. Aber dazu kommt er nicht. Da steht wie aus dem Boden gestampft ein Schulkamerad von Wilhelm: Theodor, der Lehrersbub. Und ehe das kleine Mädchen sich's versieht, hat er die Tür für sie geöffnet, er steht daneben ohne ein Wort, aber er wacht darüber, daß die Kleine ungehindert einsteigen kann. Niemand wird es wagen, sie beiseite zu drücken oder ihr die Schultasche aus der Hand zu stoßen. Theodor ist immer zur Stelle, wenn Anna in irgendeine Bedrängnis gerät. Sie weiß es und verläßt sich unbekümmert darauf. Sie bedankt sich niemals, höchstens mit einem Lächeln. Aber er wartet nicht auf Dank, seine Beschützerrolle ist ihm eine Selbstverständlichkeit.

In Annas Klasse sind zwei kleine Schwestern aus der Konditorei Katz, deren Mama ist mit Annas Mama befreundet. Und wenn immer sich Gelegenheit gibt, darf Anna die »Kätzchen« nach Haus begleiten, darf mit ihnen im Café auf roten Plüschpolstern sitzen und bekommt Leckereien vorgesetzt – Mohrenköpfe oder Kremtörtchen, die etwa am Vortag übriggeblieben sind. Und früh entwickelt sich Anna selbst zu einem begeisterten Naschkätzchen!

Ja, die kleine Anna ist ein glückliches Kind,

fast ungetrübt verlaufen die ersten Lebensjahre. Und Bruder Wilhelm hat so unrecht nicht: das Leben scheint sie ungebührlich zu verwöhnen. Aber es wird so nicht bleiben …

Da kommt jener Sommertag, an dem das heitere Licht ihrer Kindheit jäh erlischt, ein Tag, dessen Schrecken sie lange begleiten wird. Es ist ein Ferientag. Der Papa ist schon tags zuvor mit Bruder Wilhelm zu einer Bergwanderung in die Vogesen aufgebrochen. Eine Base ist bei Anna zu Besuch, vergnügt spielen die kleinen Mädchen im Garten, kommen Hand in Hand schwatzend und lachend zum Pfarrhaus gelaufen. Da steht die Mama oben am offenen Wohnzimmerfenster, blickt ihnen entgegen und legt den Finger auf die Lippen. Erschrocken verstummen die Mädchen, und Anna weiß sofort: etwas Schreckliches muß geschehen sein. So hat sie ihre Mama noch nie gesehen.

Eine Depesche aus den Vogesen ist gekommen, von Wilhelm:

»Papa ernstlich erkrankt.« Annas ältester Bruder Otto, zu dieser Zeit schon Vikar, wird nach Haus gerufen, um seine Mutter zu dem Berghotel zu begleiten. Sie reisen ab, sprechen kaum etwas auf dem Weg. Als sie das letzte Stück Weg zur Höhe zu Fuß zurücklegen, kommen ihnen fremde Menschen entgegen, die unterhalten sich lebhaft darüber, im Hotel liege ein Professor, den ein Herzschlag tödlich getroffen habe. Otto und seine Mutter bleiben stehen. »Ein Professor?« fragt Otto. »Nein, ich glaube ein Pfarrer«, berichtigt ein anderer. Da sinkt die Mutter bewußtlos in die Arme ihres Sohnes. Anna wird es nie vergessen: Gesund und fröhlich hatte der Papa Abschied genommen. In einem Zinksarg kehrte er zurück, im Güterwagen, von Bruder Otto begleitet. Gegen Mitternacht kommt der Zug nach Ispringen, Anna steht an Mamas Hand unter der Tür des Pfarrhauses. Und alle Glocken fangen an zu läuten.

Ein halbes Jahr später: Sie wohnen nicht mehr im Pfarrhaus, sondern in einer Mietwohnung in Durlach. Nur Anna mit Mama. Wilhelm steht vor dem Abitur und durfte bei einer befreundeten Familie in Pforzheim bleiben. Anna sitzt am Bett ihrer Mutter, die mit Lungenentzündung darniederliegt. Eine liebe alte Dame, die im selben Haus wohnt, kümmert sich um die beiden, setzt sich zu ihnen ans Krankenbett. Und Mama erklärt in aller Ruhe, was geschehen soll, wenn sie nun bald nicht mehr da sein wird. Die Hausgenossin fragt – und Tränen zittern in ihrer Stimme: »Ist es nicht schrecklich für Sie, Frau Dörflinger, zu denken, daß Ihre kleine Anna allein zurückbleiben soll?«

»Nein«, gibt die Mama ruhig zur Antwort, »der Vater im Himmel wird besser für sie sorgen, als ich es selber tun könnte.« Auch dieses Wort wird Anna begleiten – unendlich schmerzlich und unendlich tröstlich.

Zwölf Jahre alt war Anna Dörflinger, als sie nach dem Wunsch ihrer Mutter in das Töchter-Institut nach Korntal kam. Innerhalb eines einzigen Jahres hatte sie beide Eltern verloren, hatte all die Tränen geweint, die ihr in den früheren Jahren erspart geblieben waren. Während der Ferien hielt sie ihren Einzug ins Heim, da fiel das Eingewöhnen leichter. Nur wenige Mädchen waren da, Missionarskinder, die nicht nach Hause fahren konnten. Alle waren gut und liebevoll zu Anna, auch die Lehrerinnen und der Leiter, Rektor Decker, den sie bald wie die andern fürchtete und auch verehrte. Wie hätte man auch anders als gut sein können zu dem zarten, lockigen Mädchen, dem man ansah, daß sie nachts oft ins Kopfkissen weinte. Auch gab sich Anna die größte Mühe, mit Wohlverhalten die allgemeine Zuneigung zu gewinnen.

Immerhin – ein paar »Untaten«, die sie begangen, wußte sie später doch ihren Enkelkindern zu berichten, nicht ohne nachträgliche Beschämung, und sie erwartete, die Kinder würden darüber hell entsetzt sein. Da war einmal die Geschichte im gelben Schlafsaal: Jeden Abend kam eine Lehrerin, um mit den Schülerinnen zu beten und ihnen gute Nacht zu wünschen. Einmal aber machten die mutwilligen jungen Dinger miteinander aus, der Lehrerin einen Streich zu spielen. Sie kommt also zur gewohnten Zeit in den Schlafsaal, ein bereits aufgeschlagenes Gesangbuch in der Hand.

Beim schwachen Schein eines Lämpchens liest sie einen Vers. Will dann von Bett zu Bett gehen und jedem gute Nacht sagen – aber alle Betten sind leer. Die Mädchen haben sich doch wahrhaftig in Schränken oder unter Betten verkrochen, wo sie vor unterdrücktem Gelächter fast platzen. Der armen Anna allerdings klopft das Herz jämmerlich – sie hat nur mit größter Überwindung sich an dem Unfug beteiligt. Die Lehrerin, vor Zorn außer sich, verkündet mit erhobener Stimme, die Sache werde ein Nachspiel haben. In fünf Minuten wolle sie wiederkommen, dann müsse alles in den Betten sein. Am nächsten Tag kam das Nachspiel: Alle Übeltäterinnen mußten zum Rektor kommen, es erfolgte eine sehr ernste

Strafpredigt, und zum Schluß nahm der Herr mit bekümmerter Miene einen Rohrstab aus seinem Pult und verabfolgte jeder eine sogenannte »Tatze«, quer über die ausgestreckte Handfläche. »So, und nun geht, so kommt ihr noch recht zum Unterricht. Nur du, Anna Dörflinger, bleibst hier.« Anna blieb zurück, tief erschrocken. Hatte sie sich denn noch schlimmer vergangen als die andern, sollte noch eine besondere Strafe sie treffen? Doch als die Tür sich hinter den andern geschlossen hatte, da trat der Herr Rektor auf Anna zu, legte ihr väterlich die Hand auf den Kopf und sagte mit ernster Stimme: »Mein Kind, wenn dich die bösen Mädchen locken, so folge ihnen nicht.« – »Es war ein unvergeßlicher Augenblick in meinem Leben«, erzählte sie, »eindrucksvoll und feierlich wie eine Segnung. – Aber hört mal, Kinder, was gibt es denn dabei zu lachen?«

Nach der »Mittleren Reife« verließ Anna das Töchter-Institut.

Mutter macht Erfahrungen und findet einen Beruf

Bruder Otto hatte einen Platz gefunden, der ihm für die heranwachsende Schwester geeignet schien. Das Haus des Pfarrers Kübler war ihm empfohlen worden: Hier wurden junge Mädchen in Kost und Obhut genommen und hatten Gelegenheit, Haushaltführung kennenzulernen. Auch eine gleichaltrige Tochter, Lisette, war da, mit der Anna die Nähschule besuchen sollte.

Mit Lisette vertrug sich Anna recht gut. Aber eine Freundschaft, wie sie es sich wünschte, kam nicht zustande, dazu waren die beiden zu verschieden. Lisette war ein hübsches, gutherziges Mädchen, jedoch sehr eitel; sie blieb vor jedem spiegelnden Schaufenster stehen, um sich das seidene Halstuch anders zu knüpfen und die Stirnlöckchen zurechtzuzupfen. Auch ihr munteres Geplauder – sie konnte reden wie ein Wasserfall, aber Anna empfand es als oberflächlich. Doch sie bemühte sich, keine Spannungen aufkommen zu lassen. Die Stunden in der Nähschule waren ihr fast unerträglich langweilig; da wurden Kleider und Blusen genäht mit völlig sinnlosen Biesen und Spitzenbesätzen, man mußte ohne Ende Kanten säumen und Knopflöcher einfassen, ein endloses Gestichel! Nur ein einziges Mal nähte sie mit wahrer Begeisterung, das war, als sie für ihren Bruder Wilhelm eine bunte Studentenmütze ausbessern durfte. Wilhelm studierte in Tübingen Theologie, und bei irgendeinem Ulk war ihm ein Loch in die Mütze gerissen worden. Nun saß Anna voll Feuereifer, stopfte das Loch mit aller Kunst und stickte zum Überfluß noch einen goldenen Stern darüber. Wilhelm bedankte sich überschwenglich und schrieb, die Mütze sei jetzt schöner als zuvor und werde allgemein bewundert. Sein Freund und Kommilitone Theodor habe sogar versucht, sie ihm abzuschwatzen und gegen seine eigene zu tauschen …

Theodor – der alte treue Beschützer! Seine Mutter, verwitwet, war nach Tübingen gezogen, um ihre Söhne studieren zu lassen. Und sie kümmerte sich immer auch um Wilhelm.

Frau Kübler war gut zu Anna. Leider neigte sie zu übertriebener Sparsamkeit, was sich bei den Mahlzeiten bemerkbar machte. Meist gab es irgend etwas Zusammengekochtes, das anspruchsvolle Bezeichnungen trug – Labskaus oder Pichelsteiner oder dergleichen. Aber immer bestand es hauptsächlich aus Kartoffeln. Obwohl Bruder Otto ein reichliches Kostgeld zahlte, stand Anna oft genug hungrig vom Tisch auf. Lisette, der es nicht anders erging, wußte Abhilfe: sie fand Gelegenheiten, in die Speisekammer einzudringen und sich schadlos zu halten. Einmal, als nur knappe, aufgewärmte Reste auf den Tisch gekommen waren, überredete sie Anna, an der Plünderung teilzunehmen. Sie drängte ihr Sandkuchen auf und Likör, und sie amüsierte sich über Annas Verlegenheit. »Oder magst du lieber eine Dillgurke? Du weißt ja, sauer macht lustig!« lachte sie, leckte sich den Zucker von den Fingerspitzen und griff nach dem Steingutkrug auf dem Regal. Aber Anna schämte sich, sie konnte kaum einen Bissen hinunterwürgen. In einem Brief klagte sie dem Bruder ihren Kummer, und Otto besserte ihr stillschweigend das Taschengeld auf, damit sie sich nebenbei Brezeln oder Butterhörnchen besorgen könnte. Das tat Anna auch wirklich; doch bald ging sie dazu über, sich in der Konditorei mit Naschwerk zu versorgen. Windbeutel mit Schlagsahne, Rumtörtchen, Meringen – dafür hatte sie eine Schwäche, und ihr Geld war damit allzu rasch aufgebraucht, so daß kaum etwas übrigblieb für kleine Geschenke, auch ihre sonntägliche Spende in den Opferkasten fiel immer spärlicher aus. Anna kam sich ein bißchen leichtsinnig und lasterhaft vor. Aber mit dem Magenknurren war es jedenfalls vorbei, und erstaunlicherweise blieb sie schlank wie eine Gerte.

Das Verhältnis zu Lisette und ihrer Mutter trübte sich indessen ganz ohne Annas Schuld. Das kam so: Im Nachbarhaus wohnte Albrecht, ein junger Arztsohn, der Medizin studierte. Lisette hatte sich schon als Kind in den Kopf gesetzt, den Spielkameraden später zu heiraten, und es galt in den Familien stillschweigend als ausgemacht, daß die beiden ein Paar würden. Wenn Albrecht zu Hause war, wurde er zu allen möglichen Anlässen ins Pfarrhaus eingeladen, und er sagte auch bereitwillig zu, nahm teil am Adventsliedersingen, Geburtstagsfeiern, Kirschenernte – wie es sich ergab, ohne viel zu sprechen. Meist war es Lisette, die munter drauflosschwatzte. »Gut, daß du Arzt wirst und nicht Pfarrer«, sagte sie einmal und stieß ihn neckend in die Seite.

»Wieso?« fragte er.

»Nun – da hast du Schweigepflicht!« gab sie zur Antwort, und alle stimmten in ihr Gelächter ein.

Wenn Anna mit Lisette allein war, schwärmte diese unaufhörlich von Albrecht. »Eine Zeitlang war er so widerborstig«, sagte sie, »wenn ich ihn einlud, hat er sich mit den schäbigsten Ausreden gedrückt. Aber neuerdings kommt er gern – endlich hab ich sein Herz gewonnen! Er wird später die Praxis seines Vaters drüben übernehmen; du darfst mich jetzt schon Frau Doktor nennen – nur zum Spaß natürlich, wenn es sonst niemand hört ...« Aber dazu hatte Anna keine Lust, es kam ihr zu albern vor. Albrecht interessierte sie nicht im geringsten.

Lisettes Mutter aber entging es nicht, daß der junge Mann am Kaffeetisch nur Augen für die stille Anna hatte. Sie versuchte, ihrer Tochter ein wenig die Augen zu öffnen, ermahnte sie, zurückhaltender zu sein. Aber damit erreichte sie eher das Gegenteil. Lisette begab sich am nächsten Samstag sogar auf den Bahnhof, um Albrecht vom Zug abzuholen. Doch er sah sie an der Schranke stehen, fuhr eine Station weiter und kam dann später zu Fuß daheim an. Man konnte den Hergang leicht erraten, die Stimmung im Pfarrhaus wurde sehr gespannt. Nur Anna begriff nichts und wunderte sich über die zunehmende Frostigkeit.

Bis dann eines Tages mit der Post ein Brieflein kam, von Albrecht aus Tübingen, an Fräulein Anna. Lisette und ihre Mutter brachten Anna den Brief, konnten kaum erwarten, bis sie ihn vor ihren Augen geöffnet hatte. Anna tat es, verwundert und ahnungslos. Es war eine gedruckte Einladung zu einer musikalischen Vesper der Luginsländer. Auf der Rückseite schrieb Albrecht, er würde sich sehr freuen, wenn Anna die Einladung annehmen wollte. Er würde sie am Bahnhof abholen und auch für ein Nachtquartier sorgen ...

Anna blickte überrascht auf und sah in die empörten Gesichter der beiden Frauen. Sie versicherte sogleich, daß sie gar nicht daran denke, nach Tübingen zu fahren, sie werde gleich heute abschreiben. Lisette aber lief zur Tür hinaus und warf sie schmetternd hinter sich zu, man hörte sie in ihrem Zimmer zornig und verzweifelt schluchzen. Mit Anna wollte sie gar nicht mehr sprechen.

Frau Kübler verhielt sich zwar weiterhin freundlich gegen Anna, doch auch in ihren Augen war ein stummer Vorwurf zu lesen. Es wurden Pläne gemacht, daß Lisette für ein Jahr oder zwei zu Verwandten in die Schweiz fahren sollte, obgleich allen vor dem Abschied bangte. Anna hatte das Gefühl, daß man ihr die Schuld an allem zuschob. Ein Glück, daß ihr vereinbartes Jahr ohnehin zu Ende ging und sie bald das Haus verlassen durfte. Aber wohin würde ihr Weg führen?

Schon lange hegte Anna einen sehnlichen Wunsch: Ihr Bruder Otto hatte, nach Abschluß seiner Vikarszeit, eine richtige Pfarrstelle bekommen, in Kürze würde er in ein Pfarrhaus einziehen, in Meersburg, wunderschön gelegen, mit Blick über den Bodensee. Er hatte ihr davon geschrieben und verheißen, daß sie dort ein eigenes Zimmer bekommen sollte. Bisher hatte er immer nur möblierte Zimmer bewohnt, nie hatte sie ihn besuchen können. Aber nun konnte er sie zu sich nehmen, sie würde bei ihm wieder eine Heimat haben! Sie wollte ihn auch gern versorgen, sie verstand jetzt ein wenig vom Haushalten. Er sollte zufrieden mit ihr sein! So dachte sie …

Und dann brachte die Post eine Verlobungsanzeige von Otto.

Nun war es Anna, für die eine Welt einstürzte. Sie weinte, als habe sie ihr Elternhaus zum zweitenmal verloren. Zugleich ballte sich ein Groll in ihr zusammen, als habe der Bruder den schmählichsten Verrat an ihr geübt. Hatte er nicht der Mama auf ihrem Sterbebett versprochen, sich um die Schwester zu kümmern?

Rundweg erklärte sie, es komme für sie gar

nicht in Frage, zur Hochzeit zu fahren. Die neue Schwägerin sei für sie eine Fremde, die sie gar nicht kennenzulernen wünsche.

Da war es Frau Kübler, die ihr zum Abschluß noch einen wichtigen Dienst erweisen konnte. Sie redete Anna vernünftig und besänftigend zu, versuchte ihr klar zu machen, daß dieses Ereignis völlig natürlich und ein Grund zur Freude sei, sofern sie ihren Bruder wirklich liebhabe. Anna sträubte sich lange – es fiel ihr zu allen Zeiten schwer, eine Sache anders als von ihrem eigenen Standpunkt her zu betrachten.

»Das laß dir gesagt sein, Anna«, beschloß Frau Kübler die Auseinandersetzung, »wenn du in deinem Trotz und deiner Ablehnung beharrst, dann hast du deinen Bruder verloren. Wenn du dich aber überwindest und der Schwägerin herzlich entgegentrittst, dann hast du dir eine Schwester gewonnen.« Darüber dachte Anna lange nach und konnte sich der Einsicht nicht verschließen, daß die Frau recht hatte. Sie beherzigte die Worte und hat dann auch zeitlebens ein aufrichtig herzliches Verhältnis zu dieser Schwägerin gehabt.

Wenn Anna trotzdem keine Heimat im Haus des Bruders fand, so lag das an der Mutter der jungen Frau, an Ottos Schwiegermutter. Es gibt so viele gute Schwiegermütter, aber leider auch einige schwierige, durch die die ganze Gattung in Verruf geraten ist. Dazu gehörte die Mutter – nennen wir sie Knaus. Damit soll aber nicht behauptet werden, sie sei eine bösartige Person gewesen; sie war sogar in vieler Hinsicht eine vortreffliche Frau. Nur eben – keine gute Schwiegermutter.

Die erste Bekanntschaft mit Mutter Knaus machte Anna bei Ottos Hochzeit. Sie war zunächst beeindruckt von der stattlichen Dame, die so selbstsicher auftrat in apartem Kleid mit einem Muster von Ahornblättern, dazu sah der weiße Seidenschal mit langen Fransen wundervoll aus. Mutter Knaus übernahm es auch sogleich, den Ablauf des Festes zu regeln, sie streckte gebieterisch die Hand aus wie ein General, der das Zeichen zum Angriff gibt. Und fand fast mehr Beachtung als die entzückende, aber bescheidene Braut. Bei Tisch saß Mutter Knaus neben Anna – aufrecht wie ein Bolzen – und stellte Fragen, kühl und distanziert, alles, was sie wissen wollte. Anna fühlte sich wie bei einem Verhör, alles in ihr war Abwehr. Aber es gab kein Ausweichen, Mutter Knaus hatte die Hartnäckigkeit eines Gerichtsvollziehers. Anna würgte an den guten Dingen, die aufgetischt waren, und blickte mißmutig zu Bruder Wilhelm hinüber, der sich's ungehemmt schmecken ließ, immer wieder herüberblinzelte und die Zähne bleckte wie ein schadenfrohes Pferd.

Bruder Otto hatte im Meersburger Pfarrhaus, mit dem Einverständnis seiner Frau Käthe, ein hübsches Zimmer für Anna eingerichtet, mit Möbeln aus dem Ispringer Elternhaus. Hier sollte sie eine neue Heimat haben. Aber er hatte dabei nicht mit seiner Schwiegermutter gerechnet. Sie war Witwe, lebte in Offenburg, und Otto fürchtete sie von Anfang an. Nur mit knapper Not konnte er verhüten, daß sie sofort ganz zu ihm ins Haus zog. Doch auch von Offenburg aus brachte sie es fertig, den Haushalt ihrer Tochter ganz nach ihrem Willen und Belieben zu gängeln. Vor allem hatte sie es sich offenbar vorgenommen, dafür zu sorgen, daß die kleine Anna nicht lästig fallen konnte, daß sie einen Beruf erlernte und möglichst bald »unter die Haube« käme. Was das letzte anbelangte, arrangierte sie in den folgenden Jahren ein paar sehr beachtliche Gelegenheiten, doch sie scheiterten schon im Ansatz hoffnungslos an Annas ganz und gar ablehnender Haltung. Anna war mit ihren achtzehn Jahren noch immer ein Kind, und wenn sie etwas suchte, so war es die verlorene Geborgenheit eines Elternhauses. Mutter Knaus sah schließlich ein, daß in dieser Hinsicht nichts zu deichseln war. Doch machte sie auf mancherlei Weise ihren Einfluß geltend.

Schon am Hochzeitstag bestimmte sie, Anna sollte mit ihr nach Offenburg fahren, bis das Paar von der Hochzeitsreise zurück wäre. Sie konnte bei ihr Käthes Mädchenzimmer beziehen. Aber Anna fühlte sich hier vom ersten Tag an einsam und unglücklich. Otto kehrte mit Käthe nach Meersburg zurück, Anna konnte kaum erwarten, zu ihnen zu fahren. Aber Mutter Knaus setzte ihr auseinander, daß man ein junges Ehepaar zunächst einmal ungestört lassen müsse, damit es recht zusammenwachsen könne. Annas Einwände wurden mit einer Handbewegung vom Tisch gefegt – sie kam nicht auf gegen diese starke Persönlichkeit. Vielleicht waren die Überlegungen der Frau gar nicht so unvernünftig, aber in Anna wuchs die Erbitterung. Vor allem als Mutter Knaus in einem Brief an das junge Paar schrieb, Anna wolle vorerst lieber noch bei ihr in Offenburg bleiben! Das war doch eine glatte Lüge, fand Anna. Konnte man auch nur einen Pfifferling geben auf die Frömmigkeit einer solchen Frau? Und wenn Mutter Knaus ihre täglichen Andachten las, mit ihrer tiefen, dröhnenden Stimme, so fühlte sich Anna erstarren vor innerer Abwehr. Nicht gegen Gottes Wort – das blieb zeit ihres Lebens der feste Grund unter ihren Füßen –, aber gegen diese Frau, die sich fromm gab und doch so grundverlogen war, eine Heuchlerin. Für Anna gab es in ihrer schlichten Denkweise nur zwei Arten von Menschen: entweder gute und fromme, oder aber gottlose und böse. Sie ist im Grund über diese Einteilung nie wirklich hinausgewachsen, obgleich sie in ihrem Leben Gelegenheit genug gehabt hätte, an sich selbst und andern wahrzunehmen, wie wunderlich das menschliche Herz zusammengesetzt ist aus erfreulichen und bedenklichen Eigenschaften, wie auch der gläubige Christ ein Leben lang zu kämpfen hat gegen das Widerchristliche in ihm.

Von Bruder Otto und seiner Frau kamen indes immer neue Einladungen an die kleine Schwester, und schließlich konnte Mutter Knaus sie nicht länger ausschlagen. So beschied sie, Anna solle nach Meersburg fahren – und zwar in ihrer Begleitung. Damit bekam Annas Freude einen bitteren Dämpfer. Auch im Meersburger Pfarrhaus übernahm Mutter Knaus sogleich das Regiment. Annas Zimmer wurde zum Gästezimmer erklärt, mit Hilfe der jungen Hausgehilfin ein zweites Bett hineingestellt für Mutter Knaus, und die Überwachung fortgesetzt. Anna erhielt Anweisung, wie man sich im Haus eines jungvermählten Paares zu verhalten habe: sich stets im Hintergrund halten, dabei bereit sein zur Hilfe im Haus und dem großen Garten, bis zur Selbstaufopferung. »Du kannst dir an mir ein Beispiel nehmen«, erklärte sie dem Mädchen. »Ich verrichte die schmutzigsten Arbeiten …« Und das tat sie wirklich, jedenfalls in Annas Gegenwart, und zwang diese dadurch, es ihr nachzutun. Eines Tages mußte etwa ein großer Linoleumteppich auf den Dachboden geschafft werden – er war vom Amtsvorgänger zurückgelassen worden und sollte durch einen bunten Flickenteppich ersetzt werden. Mutter Knaus ordnete an, der alte Teppich müsse zuvor mit heißem Sodawasser gereinigt, dann eingewachst und glänzend gebohnert werden.

»Aber er kommt doch auf den Dachboden«, sagte die Hausgehilfin, ein herzhaftes Landkind, und rührte keinen Finger.

»Aber nicht so schmutzig wie er ist«, entschied Mutter Knaus. »Anna, sei so lieb und mach das. – Ich sehe, du hast keine Lust, nun, dann muß ich es eben selber tun.« Und ächzend ließ sie sich auf ihre Knie nieder.

»Nein, laß – ich mach das schon«, beeilte

sich Anna zu versichern. Und da kniete sie lange, wischte und fummelte, bis der Teppich blitzblank war. Aber bittere Tränen des Grolls tropften darauf und mußten mit abgewischt werden. Es hätte keinen Sinn gehabt, sich beim Bruder oder der Schwägerin zu beklagen, diese waren der alten Dame gegenüber genauso wehrlos. Anna merkte wohl, wie sehr Otto die Abreise der Schwiegermutter herbeisehnte – Verstellung fiel ihm so schwer wie seiner Schwester. Aber Mutter Knaus ließ keinen Zweifel, daß sie keinen Tag früher abreisen würde als Anna. Sie hatte bereits Pläne, Annas Ausbildung betreffend, und die Sache mußte in Angriff genommen werden. Dagegen ließ sich nichts einwenden – was Mutter Knaus in die Hand nahm, das hatte immer Hand und Fuß …

Der Tag der Abreise war festgelegt. Noch am letzten Abend vor dem Einschlafen redete Mutter Knaus dem Mädchen ins Gewissen: »Die jungen Leute haben so viel anzuschaffen für den neuen Hausstand. Ich bezahle ihnen Kostgeld, wenn ich hier bin, obwohl ich mich ja nützlich mache. Ja, ich bezahle mehr, als sie für mich aufwenden müssen – es wäre mir sonst nicht wohl. Du, Anna, bekommst ja so reichliches Taschengeld …«

Anna murmelte schlaftrunken etwas Undeutliches. Mit ihrem Taschengeld hatte sie immer noch ihre eigenen Probleme – sie war froh, wenn sie damit durchkam. Was das Sattwerden betraf, erging es ihr bei Mutter Knaus kaum besser als bei Frau Kübler. Mutter Knaus aß selbst so wenig und fragte nach dem ersten trockenen Stückchen Biskuit: »Möchtest du noch eins haben?« Dabei verging Anna der Appetit. Doch sie hatte auch in Offenburg eine Feinbäckerei mit leckeren Spezialitäten ausfindig gemacht, obgleich es nicht einfach war, solche Ausschweifungen vor der alten Dame zu verbergen. Jedenfalls – daß sie ihrem Bruder Kostgeld bezahlen sollte – nein, das fiel ihr nicht im Traum ein! Und da war sie auch schon wirklich eingeschlafen.

Am nächsten Tag brachte Otto die beiden mit ihren Koffern zur Bahn, und der Zwiespalt seiner Empfindungen war ihm gut anzumerken. Otto erbot sich auch, ihre Fahrkarten zu besorgen. »Halt! Anna hat dir ja noch gar nicht ihren Geldbeutel gegeben!« rief Mutter Knaus ihn ärgerlich zurück.

»Hier, nimm ihn«, sagte Anna und drückte ihm ihr Beutelchen in die Hand.

Mutter Knaus beobachtete ihn mit Luchsaugen, wie er vor den Fahrkartenschalter trat.

Und sie war offensichtlich befriedigt, als sie sah, daß er auch wirklich eine Münze aus Annas Beutelchen fingerte. Anna freilich merkte später, als sie im Zug saßen, daß Otto nichts herausgenommen, daß er vielmehr noch ein Silberstück hineingesteckt hatte, und sie lächelte und bekam feuchte Augen. Der liebe Bruder! Sie hatte es ihm nicht verhehlt, wozu sie ihr Taschengeld in der Hauptsache verbrauchte, und er war davon keineswegs erbaut. Aber er hatte es nicht über sich gebracht, ihr darüber ernstlich Vorhalte zu machen, er hatte nun sogar einen Taschenspieler-Trick angewandt, um ihr den kleinen Trost nicht zu schmälern. Er wußte ja doch, wie viel das Mädchen entbehrte …

Mutter Knaus hatte die Weichen für Annas Zukunft mit Umsicht gestellt und hatte sie – mit allgemeiner Zustimmung – in einer Haushaltschule des Badischen Frauenvereins in Karlsruhe angemeldet. Hauswirtschaftslehrerin schien ein passender Beruf. Anna wurde aufgenommen, und eine recht angenehme Zeit begann für sie. Mutter Knaus hatte allerdings ein Übriges tun wollen, damit Anna sich auch wirklich wohlfühlen sollte: So hatte sie eine Nichte, Franzi mit Namen, gleichfalls angemeldet und sich darum bemüht, daß die beiden

Mädchen im selben Zimmer schlafen und auch bei der Arbeit beisammensein konnten. Doch Franzi gehörte zu diesem leichtherzigen, lachlustigen Typ, von dem sich Anna immer abgestoßen fühlte. Franzi merkte das schnell und suchte sich Anschluß nach ihrem eigenen Geschmack. Sie rächte sich an Anna, die keinen Spaß verstehen konnte, mit allerlei kleinen Bosheiten. Doch fand Anna bei der Lehrerin, der allgemein verehrten Frau Wundt, volle Anerkennung und eine herzliche Zuneigung, die sie auch durch die späteren Jahre ihres Lebens begleitet hat.

Einmal mußten die Mädchen eine Mahlzeit selbständig zubereiten. Anna sollte das Kochen übernehmen, Franzi das Backwerk. Sie erledigte auch ihren Teil der Arbeit sehr flink, schob den Kuchen in den Backofen und begab sich dann zu ihren Freundinnen, man konnte sie miteinander schwatzen und lachen hören. Anna inzwischen, in allem langsamer und überaus gewissenhaft, mühte sich mit den verschiedenen Gerichten auf dem Herd, selbst heiß vor Eifer. Man war einigermaßen fertig, und Frau Wundt nahte, um alles zu überprüfen. »Sie kommt!« So ging es wie ein Lauffeuer durch die Küche. Da kam auch Franzi aus ihrer Schwatzecke angestürzt, gerade als sich die Lehrerin ihrem Herd näherte. Franzi bückte sich und öffnete den Backofen: Schwarzer Qualm und beißender Gestank quoll ihr entgegen. »Anna – du alte Tranfunzel – was hast du da wieder angerichtet!« schrie Franzi erbost. »Konntest du nicht achtgeben?«

Anna, eben noch so beglückt über ihr gelungenes Werk, stand wie erstarrt vor Schreck.

Doch da brauste die gütige Lehrerin plötzlich auf, wie man es bei ihr noch nie erlebt hatte. Mit zorniger Stimme wies sie Franzi zurecht, sagte ihr gehörig und ausgiebig ihre Meinung, daß Franzi vor Verlegenheit feuerrot wurde und versprach, Anna künftig in Frieden zu lassen. Anna hatte später nichts mehr von ihr zu fürchten, sie vertrugen sich mit der Zeit sogar recht gut.

Frau Wundt schätzte Anna immer mehr, sie redete ihr zu, Hauswirtschaftslehrerin zu werden und dann als ihre Stütze an die Karlsruher Schule zu kommen. Anna zögerte – es erschien ihr doch recht ungewiß, ob sie dafür taugte. Da hatte Frau Wundt einen Einfall, wie sie Klarheit darüber erhalten könnte: In Reutlingen war eine junge Hauswirtschaftslehrerin tätig, die hatte vor ein paar Jahren bei ihr gelernt – es gab zu der Zeit in Württemberg noch keine entsprechende Schule. Sie stand noch in

Verbindung mit ihr – eine Martha Sommer, sehr nett und liebenswürdig. Ihr wollte sie vorschlagen, die junge Anna Dörflinger zu sich einzuladen, damit sie Eindrücke erhielt, was es mit dem Beruf auf sich hatte.

So kam Anna Dörflinger wieder ins Schwabenland, und es sollte für immer sein. In Reutlingen erlebte sie Tage, die ihr sehr eindrücklich waren. Einerseits knüpfte sie ein Band der Freundschaft mit Martha, die ihr viel bedeutete. Andrerseits aber fühlte sich Anna bei der Beobachtung von Marthas Unterrichtstätigkeit geradezu erschüttert. Die Interesselosigkeit und Respektlosigkeit der Berufsschülerinnen erschienen der braven Anna skandalös, sie erklärte entschieden, niemals im Leben werde sie Lehrerin sein können. Sicherlich eine richtige Entscheidung, wenn auch unter besonders ungünstigen Umständen ein wenig rasch getroffen. Ich denke, sie hätte wohl eine Lehrerin werden können, wie es viele gibt, doch niemals, was man eine gute Lehrerin nennt. Dazu war und blieb sie in ihrem Wesen viel zu eng begrenzt. Was in ihre Vorstellung eines lieben und guten Menschen nicht paßte, das konnte sie zeit ihres Lebens nicht begreifen, sie mußte es ablehnen und sich dagegen abgrenzen.

»Ich würde am allerliebsten ganz kleine Kinder betreuen«, sagte sie. Und da wußte Martha Sommer Rat. In Tübingen war gerade ein neues, für damalige Begriffe sehr modernes Säuglingsheim eingerichtet worden. Martha begleitete die neue Freundin dorthin. Die Leiterin, Schwester Pauline Scheffbuch, gewann sofort ihr ganzes Vertrauen, und es wurde vereinbart, daß Anna schon bald eintreten sollte, wenn Bruder Otto damit einverstanden wäre, und daran bestand kein Zweifel.

In Meersburg nahm Anna Abschied von Bruder und Schwägerin. Auch Mutter Knaus hatte sich dazu eingefunden, aber das bekümmerte Anna nun nicht mehr – sie hatte ein Ziel vor Augen und war voller Zuversicht, daß es das richtige war. In diese Zeit fiel auch der Tag, an dem Bruder Otto nach dem Frühstück die Zeitung zur Hand nahm, in der über den Mord in Sarajevo berichtet wurde. Er wurde bleich, als er es vorlas. Dann faltete er in seiner ordentlichen Art die Zeitung zusammen, legte sie auf den Tisch. »Das bedeutet Krieg«, sagte er.

Den Ausbruch des Krieges erlebte Anna in Tübingen. Doch trotz aller Sorgen, die er mit sich brachte, wurde es für sie eine gute Zeit; die Aufgabe sagte ihr zu, Schwester Pauline erwies ihr herzliches Vertrauen. Sie wurde auch eingeladen von der Mutter Theodors, die sie mit großer Herzlichkeit aufnahm und wie eine Tochter in die Arme schloß. Theodor selbst war zu der Zeit nicht mehr daheim, doch auch ihn traf sie ein paarmal an, und als sei inzwischen keine Zeit vergangen, begegnete er ihr mit derselben stillen Ritterlichkeit und zarten Verehrung wie in Kindertagen. Es tat Anna wohl, bereicherte ihr Leben, und beunruhigte sie dabei nicht im geringsten. Sie fühlte sich beschenkt und beglückt, ohne daß etwas von ihr gefordert wurde. So begann sie im Leben Fuß zu fassen – und doch blieb sie das Kind, das seine Eltern verloren hat und sich nach einem Zuhause sehnt.

Annas Ausbildungszeit ging zu Ende, Schwester Pauline stellte ihr ein glänzendes Zeugnis aus. Um diese Zeit erhielt sie einen Brief ihrer Freundin Martha Sommer: In der Kinderkrippe in Reutlingen werde eine ausgebildete Helferin gesucht. Die Oberschwester habe sie gefragt, ob sie vielleicht jemanden kenne … Wie so oft in ihrem Leben erkannte Anna dies als Fingerzeig Gottes, sie meldete sich und trat die Stelle in der Emilienkrippe an.

Es wurde ihr die Gruppe der ältesten Kinder anvertraut, von den Dreijährigen bis zum

Schulalter. Hier arbeitete Anna mit großer Freude. Eins der Kinder wuchs ihr besonders ans Herz – es war das kleinste und ein wenig »zurückgeblieben« –, das Elsele Müller; das Kind nannte sich selbst »Essele Dillo« – viel mehr konnte es nicht sprechen. Es stammte aus unglücklichen Verhältnissen, war schmächtig und tropfnasig, mit einem beständigen Schnupfen. Die dunklen Augen schienen das ganze Gesichtchen auszufüllen, wie in stummer Anklage schauten sie in die Welt. Die Kleine hing bald mit großer Liebe an der neuen Tante, und Anna nahm sich ihrer an, soviel sie konnte. Das Kind hatte im Grund kein Elternhaus, die Familie war nur zu froh, wenn es auch außerhalb des Heims irgendwo unterkam. Bald widmete Anna ihre ganze freie Zeit dem Essele Dillo. Sie nahm es mit in ihre kleine Wohnung, wo Frau Stein, die gute Hauswirtin, es mit offenen Armen aufnahm. Sie versuchten mit Geduld, den verkümmerten Geist der Kleinen zu wecken und zu fördern. Ja, Anna brachte es plötzlich nicht mehr über sich, ihr Geld mit Tand und Näschereien zu verplempern; sie versagte sich jede unnötige Ausgabe, um für das Kind zu sorgen. Sie kaufte ihm Wäsche und Schuhe, auch ein Mäntelchen und ein paar Bilderbücher. Frau Stein sagte manchesmal: »Gott wird Sie dafür segnen.« Aber Anna fand, es sei Segen genug, ein so liebes Menschenkind betreuen zu dürfen; die zarte Röte, die auf seinen Wangen erblühte, jedes Lächeln und jedes neu gefundene stammelnde Wort aus seinem Mund war ihr reichlicher Lohn.

Als Anna über Ostern ein paar Tage Urlaub erhielt, kam von Schwägerin Käthe eine herzliche Einladung, sie in Meersburg zu besuchen. Sie durfte auch gern das Essele Dillo mitbringen. Und sie verbrachten eine fröhliche Zeit miteinander, obwohl Bruder Otto im Feld war und kein Ende des Krieges abzusehen. Käthe, die sich sehnlich ein eigenes Kind wünschte, nähte für die Kleine ein niedliches Kleidchen, bestickte es mit Margeriten – das Kind sah darin wie verwandelt aus und wagte kaum zu atmen vor Entzücken.

Das Essele Dillo brachte die Schwägerinnen einander näher, und selbst Mutter Knaus entwickelte großmütterliche Gefühle, was ihr Wesen angenehm milderte und Annas Verhältnis zu ihr wesentlich entschärfte.

»Ist ja schön und gut mit dem Essele«, meinte Mutter Knaus. »Aber du solltest dich doch lieber nach einem braven Mann umsehen« – diesen Hinweis konnte Mutter Knaus doch nicht unterdrücken. Sie wurde offenbar die Angst nicht los, ihre Tochter könnte Anna eines Tages auf dem Halse haben. Anna lächelte sorglos. Ein wenig dachte sie auch an den guten Theodor; sie verhehlte sich nicht, daß er etwas für sie bedeutete, sie mochte ihn wirklich gern. Vielleicht waren sie füreinander bestimmt? Aber sie war durchaus nicht sicher. Sie wußte überhaupt nicht, was sie eigentlich wollte. Aber sie glaubte fest daran, der Vater im Himmel werde für alles sorgen. Ihm hatte die Mama sie sterbend anvertraut, darin lag für Anna eine unverlierbare Geborgenheit. Und es begleitete sie als Leitspruch durchs Leben, was die Mama ihr ins Album geschrieben hatte: »Befiehl dem Herrn deine Wege und hoffe auf ihn; er wird's wohl machen.« Dazu den Vers: »In allen Stürmen, in aller Not wird er dich beschirmen, der treue Gott.«

Begegnung

Eine altmodische Liebesgeschichte

Gerade auf der Rückreise von diesem Urlaub sollte sich anbahnen, was Anna durch ihr ganzes ferneres Leben als die wunderbarste und beglückendste Führung Gottes betrachtete.

Sie hatte den größten Teil der Bahnfahrt hinter sich, das Essele Dillo saß müde und eng an sie geschmiegt, die Augen fielen ihm fast zu. Da stieg eine junge Dame ein, in Begleitung eines älteren Herrn, die beiden setzten sich Anna gegenüber. Während der Fahrt musterte man sich ein wenig, stutzte. Und plötzlich wußte Anna, wen sie vor sich hatte: Mathilde Sailer, die war mit ihr zusammen Schülerin in Korntal gewesen. Nicht in derselben Klasse – Mathilde war etwas älter –, und sie hatten kaum Kontakt miteinander gehabt, zumal Mathilde eher einzelgängerisch veranlagt war. Dafür war ihr Vater von überströmender Herzlichkeit, und als die beiden jungen Damen sich begrüßten, da lud er Anna sogleich dringend ein, schon bald einen Besuch bei ihnen zu machen. Er war Pfarrer in Dettingen bei Urach, hatte früh seine Frau verloren; eine treue alte Magd versorgte seinen Haushalt. Anna hatte große Lust, wieder einmal in einem Landpfarrhaus einzukehren. So wurde vereinbart, daß sie an einem der nächsten Sonntage nach Dettingen kommen sollte. Anna freute sich auf den Besuch. Sie dachte daran, das Kind mitzunehmen, aber Frau Stein äußerte Bedenken und bot an, sich an diesem Tag mit dem Essele zu beschäftigen. »Ziehen Sie auch was Nettes an!« riet sie, als Anna sich zur Fahrt richtete.

»Ach – das ist nicht wichtig«, meinte Anna. Mode bedeutete ihr nicht viel.

»Sagen Sie das nicht. Sie könnten immerhin Ihrem zukünftigen Ehemann begegnen!« scherzte die Frau, und sie lachten miteinander.

Anna wählte einen dunkelblauen Rock mit hellblauer Seidenbluse, dazu trug sie das feine Goldkettchen von ihrer Mama, mit einem zierlich eingelegten Medaillon, darin waren Miniaturbildchen ihrer Eltern. Alles war schlicht, aber es stand ihr hübsch zu ihrer zarten hellen Haut und dem goldbraunen Haar. Mathilde holte sie in Dettingen vom Bahnhof ab und entschuldigte sich auf dem Weg, daß ihr Vater zufällig für denselben Tag einen jungen Leutnant eingeladen habe, der einst am Lehrerseminar sein liebster Schüler gewesen und zur

Zeit in Tübingen im Lazarett sei. Anna nahm diese Mitteilung gleichgültig auf. Erst am Kaffeetisch, als sie zwischen Mathilde und deren Schwester Agnes auf dem Sofa saß, faßte sie den jungen Mann ihr gegenüber ins Auge. Gerhard Schmid war nicht, was man einen schönen Mann nennt, aber er hatte etwas, das sofort für ihn einnahm. Man sah ihm an, daß er dem Ernst des Lebens früh begegnet war, und doch strahlte aus seinem Blick heitere Güte und unbedingte Verläßlichkeit. Ja, er gefiel Anna vom allerersten Blick an. Aber sie ließ sich nichts anmerken, saß zwischen den beiden Sailer-Schwestern und nippte befangen an ihrer Kaffeetasse. Auch Gerhard sprach kaum ein Wort; nur seine Augen ruhten immer wieder auf dem zarten Gesicht, als sei er einem Wunder begegnet.

Der Abschied nahte. »Zum Schluß wird uns Freund Gerhard noch etwas auf dem Klavier spielen – da ist er ein Meister!« schlug Pfarrer Sailer vor. Der junge Mann zierte sich auch nicht, er setzte sich ans Klavier und spielte ohne Noten – etwas Ruhiges, wohltuend Dahinfließendes von Bach, den er am liebsten hatte. Und es klang aus in den Choral: »Befiehl du deine Wege, und was dein Herze kränkt, der allertreusten Pflege des, der den Himmel lenkt

…« Alle standen sie ums Klavier und sangen mit, auch Anna, ein wenig hinter den andern. Doch ihr Herz war seltsam berührt. Das war ja das Vermächtnis ihrer Mama – »Befiehl dem Herrn deine Wege …« Und es war ihr, als spiele dieser fremde junge Mensch für sie ganz allein.

Es zeigte sich, daß sie beide mit demselben Zug fahren wollten. »Laß uns ein wenig früher zum Bahnhof gehen«, flüsterte Anna der Freundin zu. »Ich kann doch nicht mit diesem fremden …« Ja, dafür hatte Mathilde Verständnis, und sie verabschiedeten sich von den andern. Bald saß Anna allein in ihrem Abteil, Mathilde hatte schon den Heimweg angetreten. Gleich würde der Zug abfahren. Einen ganz flüchtigen Blick tat Anna doch aus dem Fenster – da stand der junge Mann auf dem Bahnsteig, unschlüssig, mit suchendem Blick. Sogleich erspähte er sie, und wenige Augenblicke später saß er ihr mit glückstrahlendem Gesicht gegenüber. Es war ja unter den gegebenen Umständen auch für damals nichts Unschickliches dabei, wenn er sie ansprach, und es dauerte auch nicht lange, da waren sie ganz in ihr Gespräch vertieft. Gerhard fragte, ob sie vielleicht mit dem alten General Derfflinger verwandt sei. Davon wußte Anna nichts. Sie stammte aus einer alten Pfarrersfamilie, einer ihrer Vorfahren war Abt im Kloster Hirsau gewesen. Von diesen Dingen hatte der Papa ihr manches erzählt, und während sie davon berichtete, verlor sich ihre Befangenheit. Nur zu schnell waren sie in Metzingen, wo sie in den Zug nach Tübingen umsteigen mußten. Da standen sie nun auf dem trübseligen grauen Bahnsteig, warteten und gingen schließlich plaudernd auf und ab. Was sonst – wie ihnen versichert wurde – noch nie vorgekommen war: Der Anschlußzug hatte eine geschlagene Stunde Verspätung. Aber die beiden jungen Menschen ärgerten sich nicht darüber, auch die häßliche Umgebung, Lärm und Gestank störten sie nicht im geringsten. Anna erzählte von ihrem Leben, von Mama und Papa und ihrem allzufrühen Ende, von den Brüdern, die im Feld waren. Gerhard nahm jedes Wort ernst und wichtig. Er erzählte auch ein wenig von seinem eigenen Zuhause, seiner Kindheit; aber das lag der jungen Anna fern und konnte ihr nicht viel bedeuten.

Dann endlich konnten sie in Richtung Tübingen weiterfahren. In Reutlingen stieg Anna aus. Gerhard begleitete sie zum Ausgang des Wagens, blieb auf der Plattform stehen, solange der Zug hielt und noch etwas von Anna zu sehen war. Doch sie ging ihres Wegs und schaute nicht mehr zurück.

Das war an einem Mai-Sonntag. Wochen vergingen, alles war wie zuvor. Anna erzählte keinem Menschen von der Begegnung im Dettinger Pfarrhaus. Im Juni war ihr Geburtstag, der wurde bei den Eltern von Martha Sommer – lieben Uhrmachersleuten – gefeiert. Sie schlugen vor, ein Lied zu singen. »Du darfst es dir wünschen, Anna!«

Sie wünschte sich »Befiehl du deine Wege ...«

Fröhlich wurde angestimmt, und niemand begriff, warum Anna rot dabei wurde; es gab wirklich keinen Grund dafür ...

Ende Juli begannen in der Krippe die Ferien. Schwägerin Käthe lud in einem herzlichen Schreiben ein, Anna solle die Sommerwochen bei ihr in dem stillen Pfarrhaus zubringen und das Essele Dillo mitbringen. Sie sehne sich geradezu nach dem Kind und denke daran, es vielleicht zu adoptieren, sofern Otto damit einverstanden sei. Am liebsten wäre es ihr, Anna könnte das Kind gleich dalassen ... Das kam ein wenig überraschend für Anna, und es fiel ihr nicht leicht, sich von dem Kind zu lösen. Doch nach Rücksprache mit der Leiterin der Krippe und den zuständigen Behörden kam man zu der Überzeugung, daß dem Kind nichts Besseres zu wünschen wäre.

Die gemeinsamen Tage in Meersburg erlebte Anna als eine merkwürdige Zeit: Sie genoß alles Schöne freudiger und bewußter als früher und war doch auch wieder stiller als sonst und oft in Gedanken versunken. Der bevorstehende Abschied von dem Kind schien sie verändert zu haben – oder war es etwas anderes?

Das Essele Dillo blieb vergnügt zurück. Es erlebte auch wirklich ein paar glückliche Jahre in Meersburg. Später allerdings wurde es doch nicht zur Adoption freigegeben, und Anna konnte über seinen weiteren Weg nichts mehr erfahren.

Anna kehrte wieder nach Reutlingen zu ihrer Arbeit zurück. Bald darauf erhielt sie über die Kinderkrippe einen Brief in einer ihr fremden Handschrift: Er war von Gerhard Schmid. Er hatte sie keine Stunde vergessen, hatte ihren Namen und Wirkungskreis im sichersten Winkel seines Herzens aufbewahrt. Und nun fragte er in schlichter Selbstverständlichkeit an, ob sie sich treffen und miteinander verloben könnten. Jedesmal, wenn Anna später zu dieser Stelle ihrer Erzählung kam, mußte sie eine Weile innehalten, wie aufs neue überwältigt von der Einfachheit, mit der das alles abgelaufen war. Und immer glänzten ihre Augen verräterisch. Wir – ihre Kinder und später die Enkelkinder – waren auch immer wieder von Staunen ergriffen: Daß es so etwas gab! »Wie konnte er dir einen Heiratsantrag machen, nach so kurzer Bekanntschaft? Er hätte dich doch einfach einladen können, dich mit ihm zu treffen, damit ihr euch näher kennengelernt hättet!«

Sie lächelte und schüttelte den Kopf: »Da wäre ich niemals hingegangen.«

»Was hast du also gemacht?«

»Ich habe mich noch am selben Tag hingesetzt und geantwortet, daß ich einverstanden sei und kommen wollte.«

Wie die Anfrage, so die Antwort, offenbar ohne den Schatten eines Zweifels. Eigentlich doch ein bißchen verrückt! »Ihr habt euch ineinander verliebt, als hätte euch der Blitz getroffen. Aber ein kühnes Wagnis war das schon!«

»Ja, ich weiß«, sagte sie dann, »heutzutage braucht man sehr lange, um sich kennenzulernen; und trotzdem gibt es so viele unglückliche Ehen, die oft schon nach kurzer Zeit auseinanderbrechen.« Und mit einer Stimme, die vor Rührung etwas undeutlich war, setzte sie hinzu: »Hauptsache ist doch, daß man auf demselben Grund steht und sich zusammengeführt weiß.«

In einem kleinen Ort, Honau, trafen sie sich dann. Am Morgen besprach Anna noch mit ihrer guten Hauswirtin, was sie zu dieser Gelegenheit anziehen und etwa mitnehmen sollte. Frau Stein war natürlich eingeweiht und freute sich, als stehe die Verlobung einer eigenen Tochter bevor. Sie fand das graue Kostüm viel zu einfach, mußte aber zugeben, daß es für eine Wanderung recht geeignet sei. Um aber dem Tag doch etwas festlichen Glanz zu verleihen, brachte sie aus ihrem Garten eine taufrische Rosenknospe, umwickelte den dornigen Stengel mit Seidenpapier, und Anna brachte es nicht über sich, die Gabe zurückzuweisen. Gerhard erwartete sie bereits, als sie in Honau aus dem Zug stieg. Sein Gesicht leuchtete vor Freude – vielleicht auch ein klein bißchen vor Belustigung über das schüchterne Mädchen mit der roten Rosenknospe in der Hand. Anna kam sich in diesem Augenblick selbst schrecklich albern vor – warum nur hatte sie die Blume nicht einfach im Wagen liegen lassen! Aber dazu war es nun zu spät, und wieder einmal glühte sie vor Verlegenheit. Sie verließen den Bahnhof und hatten außer der Begrüßung noch keine Worte gefunden, da fingen die Glocken der Kirche an zu läuten. Und als sei das so ausgemacht, gingen sie miteinander zum Gottesdienst. Brausende Orgelakkorde empfingen sie, und es wäre auch für Anna recht erhebend gewesen, hätte sie nicht die ganze Zeit diesen lächerlichen Rosenstengel in der Hand gehalten. Sie konnte unmöglich den ganzen Tag so herumgehen wie eine gemalte Madonna! Aber wie konnte sie das stachlige Ding loswerden?

Als sie nach dem Gottesdienst aus der Kirche traten und zwischen Gräberreihen hindurch zum Ausgang gingen, entdeckte Anna ein wenig abseits ein Kindergrab ohne Schmuck, und ganz erleichtert bückte sie sich, um die Blume darauf niederzulegen. Aber da sagte Gerhard: »O bitte nicht.« Und als sie ihn zaghaft anlächelte, streckte er bittend die Hand nach der Rose. Er bekam sie, steckte sie vorsichtig in die Tasche seines Uniformrocks, und Anna war sehr erleichtert. Sie gingen miteinander auf den Lichtenstein – es war ein wunderschöner Sonnentag. Mehr erzählte Anna darüber nicht, als daß sie einen scheuen Kuß getauscht hätten, und das sei also ihre Verlobung gewesen.

Gerhards Verwundung – ein Schulterdurchschuß – war noch nicht soweit geheilt, daß er ins Feld hätte zurückkehren können. Doch wurde er an das Lehrerseminar nach Nürtingen angefordert, um dort wenigstens für ein Vierteljahr Musikunterricht zu erteilen. So konnten sich die Verlobten immer wieder sehen. Allerdings war Gerhard in der Zeit vor Weihnachten stark eingespannt mit Vorbereitungen für Advents- und Weihnachtsfeiern. Doch – über das Christfest bekam er frei und wollte mit Anna auf den elterlichen Hof fahren, um der Mutter und den Geschwistern seine Braut vorzustellen. Anna bangte ein wenig vor diesem Besuch – und er sollte auch wirklich eine bittere Erfahrung für sie werden.

Gerhards Mutter empfing die künftige Schwiegertochter mit aufrichtiger Herzlichkeit, aber nicht ganz unbefangen: Sie zweifelte, ob Anna sich in dem einfachen Haushalt wohlfühlen werde, und mehr noch, ob sie mit den Schwestern zurechtkommen werde. Die Brüder waren im Feld, nur zwei Schwestern waren auf dem Hof und leisteten mit der Mutter zusammen die ganze Arbeit. Ihre Hände waren hart, ihre Kleidung abgetragen, und ihre Herzen nicht frei von Bitterkeit diesem Wesen gegenüber, das aus einer anderen Welt zu kommen schien, mit weichen Händen und gepflegtem Haar. Am schwersten zu ertragen aber war, daß dieses fremde Mädchen ihnen im eigentlichen Sinn den Bruder weggenommen hatte. Es schien ihnen schwerzufallen, Anna bei der Begrüßung auch nur einen Schritt entgegenzugehen. Anna fühlte sich vom ersten Augenblick an als eine Fremde, sie begriff nicht, was man gegen sie hatte, und sie wünschte, die paar Tage wären schon durchgestanden. Dabei wäre es nicht gar so schwer gewesen, sich in diese jungen Frauen hineinzuversetzen, gerade für Anna, die sich über ihres Bruders Verlobung so bitter gegrämt hatte!

Selma, die älteste der Schwestern, war von herber Art. Seit dem Tod des Vaters trug sie viel von der Last der Arbeit und der Verantwortung für die Geschwister. Daneben gab es für sie nichts als die Beschäftigung mit der Bibel, die ernste und grüblerische Auseinandersetzung mit religiösen Fragen. Es bedeutete ihr viel, sich darüber mit Bruder Gerhard auszutauschen, der selbst von Herzen gläubig war, dabei aber einen weiteren Gesichtskreis und eine weltoffenere Wesensart hatte. Maria, die Jüngste, war Gerhards Lieblingsschwester. Ihr fiel es nicht leicht, sich mit dem harten Leben abzufinden. Sie sehnte sich nach einer freundlicheren , helleren Umgebung, hätte gern einen Beruf erlernt und etwas von der Schönheit der

Welt gesehen, sie fühlte sich zu Musik und Dichtung hingezogen ... Gerhards Briefe und seine Aufenthalte daheim bedeuteten ihr unsagbar viel. Er hatte dem allzu eng umgrenzten Leben der Schwestern ein wenig Weite und Glück geben können. Er arbeitete nicht nur mit, soviel in seinen Kräften stand, sondern er ging verständnisvoll auf ihre Gedanken und Probleme ein, brachte ihnen Bücher mit, beschenkte sie zu ihren Geburtstagen, wenn niemand sonst an dergleichen dachte. Und nun plötzlich gehörte seine Liebe diesem fremden Mädchen, das ohnehin alles zu besitzen schien, was man sich wünschen konnte – es war vor allem für Maria fast unerträglich. Später, kurz vor ihrem frühen Tod, als sie sich mit der Schwägerin Anna längst ausgesöhnt hatte, da sprach sie von dieser ersten Begegnung und gestand mit Beschämung, sie habe sich damals gewünscht, ihr Bruder Gerhard wäre im Krieg gefallen, anstatt so mit einer Braut daheim anzukommen ...

Dieser Art also waren die Gefühle, die man Anna auf dem Mäderhof entgegenbrachte. Sicher wäre es nicht leicht gewesen, gegen diese Wand innerer Abwehr anzukämpfen. Und doch glaube ich, es hätte einen Weg geben müssen zum Herzen dieser bedrückten Frauen. Aber Anna trat in ihre Welt mit der Einfalt und dem Egoismus eines Kindes. Als die glückselige Braut, für die Gerhard nun alles bedeutete: Geliebter, Beschützer, Vater – der ihr einfach gehörte, ihr, die sie so viele Jahre heimatlos gewesen war!

So konnte es kein gutes Zusammensein werden. Anna fühlte sich gekränkt, wenn etwa Maria bei Tisch ein aufgeschlagenes Buch neben ihrem Teller liegen hatte und während des Essens eifrig darin las. Hier fehlte es einfach an der Kinderstube, fand Anna, die Wohlerzogene. Selmas Ansichten erschienen ihr zu streng und verbohrt, sie nahm sich kaum die Mühe, ihren Worten zu folgen. Mutter Schmid, die abgerackerte Mäderbäuerin, saß dabei und wußte keinen Rat. Ihr Blick ging oft traurig vom einen zum andern. Am bittersten aber fühlte sich Anna gekränkt vom Verhalten ihres Verlobten: Gerhard bemühte sich freundlich um die Schwestern, vermied es in ihrem Beisein, seiner Braut besondere Aufmerksamkeiten oder gar Zärtlichkeiten zu erweisen. Anna fühlte sich zurückgesetzt und wie verraten. Gerhard begann auch sofort, mit Hand anzulegen, er zog Arbeitskleider an, sie sah ihn den Mistkarren schieben und war entsetzt. Aber sie fand keine Gelegenheit, sich von ihm trösten zu lassen.

Nachts schlief sie mit Selma in deren Zimmer, wo die Scheiben zugefroren waren und Eiskristalle an den Wänden glitzerten. Und wie in Kindertagen weinte sie in ihr Kissen, fühlte sich todunglücklich. Sie wagte nicht, zu fragen, wo ihr Gerhard sein Zimmer hatte – er schien ihr so fern wie auf der entgegengesetzten Seite des Erdballs.

Die Tage gingen vorüber, Anna hatte ihren Gerhard wieder für sich allein. Schon im Eisenbahnwagen zerfloß sie in einen Tränenstrom der Erleichterung, aber auch der Bitterkeit: über die Behandlung, die sie erfahren hatte, vor allem über sein Verhalten. Er versuchte behutsam, ihr Verständnis zu wecken für seine Angehörigen, ihr begreiflich zu machen, warum er sich in dieser Umgebung nicht hatte als Liebhaber aufführen können. Aber es lag ihm nicht, über diese Dinge viele Worte zu machen. Und er merkte auch bald, daß seine Worte vergeblich waren: Anna ging die Fähigkeit ab, sich in andere Menschen hineinzuversetzen, die – durch Veranlagung oder Lebensführung – anders geartet waren als sie selbst. Er mußte sie reden lassen und dazu schweigen, und sie konnte sich noch im Recht fühlen. Damit war der Friede wieder hergestellt. Doch blieb für Gerhard sicher eine Ahnung, daß ihn nicht nur eitel Sonnenschein erwartete an der Seite seiner Erkorenen.

Für Anna blieb dieser erste Besuch auf dem Mäderhof auch der letzte. Niemals hätte sie sich ein zweitesmal überreden lassen, dorthin zu fahren, es sei denn zu einem kurzen Besuch, etwa zum Geburtstag der Mutter Schmid, wenn man mit dem Auto hinfahren konnte und nach dem Kaffeetrinken wieder Abschied nehmen.

Trotzdem blieb der Mäderhof – oder vielmehr blieben »die Mäderhöfer« – über Jahre hin die schwerste Belastung ihrer Ehe. So rücksichtsvoll Gerhard war, so oft bereit, um des Friedens willen nachzugeben: In seiner Einstellung zu seiner Mutter und den Geschwistern ließ er sich von seiner Frau nie beeinflussen. Mochte sie klagen – er ließ es stumm über sich ergehen; aber wenn seine Angehörigen ihn brauchten, durfte ihn niemand hindern. »Sie haben viel für mich getan«, hielt er ihr vor. Auch als die Mutter starb, gab es unter den Geschwistern nicht die geringste Verstimmung um die Verteilung des bescheidenen Erbteils. Die in ihrer Existenz gesicherten verzichteten zugunsten derer, die es nötiger hatten, es wurde kein Wort darüber verloren; auch meine Mutter machte in diesem Fall keine Einwendungen.

Die Mäderhöfer waren übrigens nicht die einzigen, für die diese Verlobung eine schwere Erschütterung bedeutete. Schon bald einmal ergab es sich, daß Anna nach Tübingen kam und bei der Mutter von Theodor einkehrte. Sie tranken miteinander Tee, und da erzählte Anna mit strahlendem Gesicht, sie sei glückliche Braut. Die liebe alte Frau hatte schon heimlich den schmalen Goldring an Annas Finger betrachtet. Jetzt saß sie ganz stumm und wie erstarrt. Und schließlich, während ihr Tränen über die Backen flossen, sagte sie nur: »Mein armer Theodor.« Anna hatte herzliche Glückwünsche erwartet, es fiel ihr schwer zu begreifen, wie der mütterlichen Frau zumute war, und schon gar nicht, was es für den Jugendfreund bedeuten mußte. Erst viel später erfuhr sie durch seinen Bruder, wie er die Nachricht aufgenommen hatte. Da saßen die Brüder mit ihrer Mutter bei Tisch, und die Mutter erzählte mit ruhiger Stimme, daß sich Anna Dörflinger verlobt habe. Theodor stand heftig von seinem Stuhl auf. »Das ist nicht wahr! Mutter, sag, daß es nicht wahr ist!« Sie konnte nichts mehr sagen, nur die Tränen liefen ihr wieder übers Gesicht. Da ging Theodor hinaus, man hörte, wie er sich in seinem Zimmer einschloß. Einen Tag lang bekamen ihn die Seinen nicht zu Gesicht. Später wurde in der Familie nicht mehr darüber gesprochen. Theodor wurde Pfarrer, und er hat sehr segensreich gewirkt, war vielen Traurigen ein Tröster. Doch geheiratet hat er nie. Anna behielt ihn immer in herzlichem Andenken, ihr zweiter Sohn erhielt später nach ihm den Namen Theodor. Aber ich glaube nicht, daß sie jemals ermessen konnte, welchen Schmerz sie diesem empfindsamen jungen Menschen bereitet hat.

Doch damit bin ich der Zeit weit vorausgeeilt. Einstweilen war Anna noch die glückliche Braut, auch wenn die ersten bitteren Tropfen in ihr Glück gefallen waren. Hart war es vor allem, als Gerhard wieder »kriegsverwendungsfähig« geschrieben wurde und einrücken mußte. Doch wurde vereinbart, daß noch im selben Jahr die Hochzeit gefeiert werden sollte. Gerhard beantragte Hochzeitsurlaub, und Anna traf die nötigen Vorbereitungen. Pfarrer Sailer bot sich an, in Dettingen die Trauung zu halten. In der Nähe des Pfarrhauses war ein freundliches Gasthaus, wo Zimmer bestellt werden konnten. Agnes Sailer ging mit Anna durchs Dorf, jede mit einem Korb am Arm, um bei befreundeten Bauernfamilien um etwas Mehl, Eier und Schmalz zu bitten. Die Körbe füllten sich, sie brachten alles ins Gasthaus, und so konnte man im Blick auf das Hochzeitsessen ruhig sein. Düster stand es im Kriegsgeschehen, und Anna verfolgte mit Angst die Nachrichten von den Kriegsschauplätzen, wo ihre Brüder an der Front standen, und nun auch der Verlobte. Sie ließ sich kein weißes Kleid anfertigen, dem Ernst der Stunde schien die schwarze Farbe angemessener. Davon abgesehen stand ihr ein schlichtes Schwarz immer ganz besonders gut. So wurde sie in dem Kleid sehr bewundert, aber Komplimente dieser Art bedeuteten ihr nichts. Sie war ganz erfüllt von ihrer Liebe, aber auch vom Bangen um ihr Glück. Gerhard kam zur Hochzeit aus der Hölle der Somme-Schlacht, und sie wußten, daß er nach wenigen Tagen dorthin zurückkehren mußte. Trotzdem feierten sie dankbar und zuversichtlich. Mutter Schmid vom Mäderhof war gekommen, auch Gerhards Schwester Lydia, die zu der Zeit schon Diakonisse war. Und es war unendlich tröstlich, als der Tag ausklang in dem Lied:

»Befiehl du deine Wege ...« Wieder saß Gerhard am Klavier, aber diesmal stand Anna als seine junge Frau dicht neben ihm, und in ihrem Herzen klang es noch lange nach: »... Der

Wolken, Luft und Winden gibt Wege, Lauf und Bahn, der wird auch Wege finden, da dein Fuß gehen kann!«

Anna blieb in Reutlingen, doch gab sie ihre Arbeit in der Kinderkrippe auf, um unabhängig zu sein und frei, sobald ihr Mann sie brauchen würde. Stattdessen half sie nun in der »Volksküche« mit. Hier wurde täglich für vierzig Pfennige gutes Essen ausgegeben, nette junge Frauen arbeiteten freiwillig und ohne Lohn, es herrschte fröhliches Treiben und Geplauder, das Anna half, über düstere Gedanken hinwegzukommen. Da kamen zur Mittagszeit alte Leutchen und Kinder mit ihrem Eßgeschirr angetrippelt, sie hoben gleich eifrig den Deckel von ihrem dreistöckigen Eßgeschirr und schnupperten beglückt die verheißungsvollen Düfte. Es machte Freude, die Gefäße mit den Schöpflöffeln zu füllen. Anschließend bekamen auch die Helferinnen an einfachen Holztischen ihr Essen, dann wurde Geschirr gespült und man saß in der Runde, um Kartoffeln zu schälen für den nächsten Tag. Auch Annas Wohnung bei Frau Stein war für sie ein richtiges Zuhause.

Anna fühlte sich wohl in diesen Räumen, bei der Frau, die so aufrichtig Anteil nahm an allem, was ihre junge Mieterin betraf. Am stärksten kreisten Annas Gedanken natürlich um den geliebten Mann im Feld. Sie schrieb ihm täglich einen Brief – er ebenso an sie. Und Anna schickte Päckchen, aber es war nicht leicht, dafür etwas aufzutreiben. Sie wollte so gerne Kekse für ihn backen, doch Lebensmittel waren rationiert, es fehlten ihr die Zutaten. »Bitten Sie doch Ihre Verwandten auf dem Mäderhof darum«, schlug Frau Stein vor.

Anna schrieb und bat um ein Stück Butter. Selma antwortete ihr: »Du brauchst für Gerhard nicht zu backen, wir tun das schon selbst und schicken ihm regelmäßig, wie den andern Brüdern. So ist's am einfachsten …«

Es war bestimmt nicht böse gemeint, aber Anna fühlte sich wieder gekränkt. Auch Frau Stein war entrüstet. »Ich seh schon, ich muß dafür sorgen!« erklärte sie. Und dann ging das Weiblein drei Tage hintereinander in ein Dorf in der Nähe, wo ihr Schwager Lehrer war. Morgens früh brach sie auf, nahm ihren Proviant mit und arbeitete bis zum Abend auf einem Hof. Am dritten Abend brachte sie – wohlverstanden gegen Bezahlung – ein Pfund Butter nach Hause. Anna war glücklich und tief gerührt. Sie konnte nun backen, und sie ist ihrer »guten Steine« immer dankbar verbunden geblieben.

Später wurde Gerhard wieder verwundet, dabei wurde seine linke Hand verstümmelt. Es traf ihn hart, als der Arzt ihm erklärte, er werde nie wieder Klavier oder Orgel spielen können. Doch gelang es ihm später, durch unermüdliche Anstrengungen seine alte Fingerfertigkeit wiederzuerlangen. Anna, die sich aus Musik nicht viel machte, begriff seinen Kummer nicht; sie war allzu glücklich, zu wissen, daß der Krieg für Gerhard vorbei war. Er lag in Berlin im Lazarett, und sie besuchte ihn dort. Aber es war eine unruhige Zeit, vor Ausbruch der Revolution, und Gerhard drängte darauf, daß sie nach Reutlingen zurückkehrte. Er meinte, er könnte sich in einem Notfall leichter allein durchschlagen. Ein paar bange Wochen folgten. Doch seine Schwester Lydia, zu der Zeit Pflegerin im Herrenberger Krankenhaus, bemühte sich und setzte mit der ihr eigenen Zähigkeit durch, daß er nach Herrenberg verlegt wurde. Nun begann eine schöne Zeit für die jungen Eheleute, trotz der traurigen Entwicklung der Kriegslage. Übers Wochenende konnte Gerhard in Reutlingen sein, Frau Stein versorgte sie reichlich mit Obst und Gemüse aus ihrem Äckerle, und manchmal konnte Anna auch Reste aus der Volksküche mitbringen. So hatten sie keine Not zu leiden.

Einmal tischte Frau Stein süß-sauer eingemachte Kürbisstücke auf, die zu Bratkartoffeln herrlich schmeckten. Doch später wurde Anna sehr übel. »Ich fürchte, ich hab Ihre Süßsauren nicht gut vertragen«, klagte sie. Aber damit traf sie das Weiblein an einer empfindlichen Stelle – an ihrer Hausfrauenehre. Sofort lief Frau Stein und schleppte den irdenen Kürbistopf herbei, stellte ihn vor ihre junge Mieterin und band das Pergament ab. Anna mußte hineinschauen, wie gut das aussah und roch – der frische, kräftige Geruch prickelte ihr in der Nase. »Na, glauben Sie immer noch, es sind meine Süßsauren?« fragte Frau Stein, ihr Gesicht zog sich in energische Falten. Und nachdem sie ein paar Sekunden in Ruhe darüber nachgedacht hatte, setzte sie hinzu: »Schließlich gibt es auch anderes, wovon einer jungen Frau schlecht werden kann!«

Da entschuldigte sich Anna beschämt, und sie fühlte sich zugleich ahnungsvoll beglückt.

Dann eines Tages war der Krieg zu Ende, Gerhard wurde im Lazarett entlassen und kam im Zivilanzug zu seiner jungen Frau nach Reutlingen. Nun war die Zeit gekommen, sich nach einer Stellung umzusehen und ein Heim zu gründen.

Beginn des gemeinsamen Lebens

Gerhard hätte Gelegenheit gehabt, Musik zu studieren, er bekam ein Stipendium angeboten. Doch überließ er Anna die Entscheidung. Sie hätte in Reutlingen bleiben können, die Zeit wäre zu überbrücken gewesen. Aber Anna zögerte keinen Augenblick: was sie sich wünschte, war ein Heim, Zusammensein mit dem Mann, der ihr alles bedeutete. Lange genug war sie heimatlos gewesen. Eine Dorfschullehrerstelle erschien ihr verlockend genug, hatte sie doch die glücklichsten Jahre ihres Lebens auf dem Dorf verbracht. Und außerdem erwartete man Nachwuchs. So meldete sich Gerhard nach Beutelsbach im Remstal.

Das Leben auf dem Land gestaltete sich für Anna freilich längst nicht so idyllisch, wie sie sich das vorgestellt hatte. Es war zwar hübsch, ein kleines Haus ganz allein zu bewohnen; aber es mußte auch saubergehalten und der Haushalt besorgt werden. An eine Hausgehilfin war bei den höchst bescheidenen Einkünften nicht zu denken. Das kleine Erbteil von Annas Eltern wurde bald durch die Inflation verschlungen. Immerhin konnte man noch mancherlei an Möbeln aus dem Ispringer Pfarrhaus verwenden, Otto hatte sie für die Schwester aufbewahrt; so bekam die neue Wohnung gleich etwas Heimeliges. Vor allem das zierliche Nähtischchen ihrer Mama blieb für Anna immer ein liebes Erinnerungsstück.

Zum Lehrerhaus gehörte ein kleiner Garten und außerhalb des Dorfes ein »Obststückle« und ein »Krautäckerle«. In der armen Nachkriegszeit war man auf die Erträge dringend angewiesen; aber es kostete unendlich viele Mühe, alles zu besorgen, und die junge Frau war an Arbeit dieser Art nicht gewöhnt. Auch brachte ihr Zustand immer mehr Beschwer mit sich. Gerhard war von seinem Amt sehr beansprucht; er erhielt die Oberklasse zugewiesen, also die älteren Jahrgänge, und es war kein leichtes Arbeiten mit dieser Jugend, deren Väter so lang im

Krieg gewesen waren. Trotzdem fand er Zeit, seiner Frau nach Möglichkeit alle grobe Arbeit abzunehmen, er schuftete unermüdlich von früh bis spät. Was allerdings das Wäschewaschen und Brotbacken betraf – da wußte auch er nicht zu helfen. Er schrieb deswegen auf den Mäderhof, und seine Schwester Maria bot sich umgehend an, ihre Schwägerin mit diesen Aufgaben vertraut zu machen. »Nächste Woche komme ich zu euch. Seht nur zu, daß ihr dann einen tüchtigen Berg Schmutzwäsche bereit habt und auch sonst einiges zu tun ...« Es war für Anna eine große Erleichterung und Hilfe, und die beiden Schwägerinnen faßten jetzt eine herzliche Zuneigung zueinander. Leider trug der Besuch aber nicht dazu bei, Annas Beziehungen zum Mäderhof zu verbessern: Maria, nachdem sie Zutrauen gefaßt hatte, war es ein Bedürfnis, der Schwägerin gegenüber ein wenig ihr Herz auszuschütten. Sie klagte, wie Schwester Selma so gar kein Verständnis aufbringe dafür, daß die jüngere Schwester hin und wieder etwas anderes brauche als nur Arbeit von früh bis spät. »Du hast ja die täglichen Andachten, sonntags darfst du in Unterrombach Kindergottesdienst halten – was willst du denn mehr? Musik? Literatur? Das ist unnötig, und wir können es uns nicht leisten ...« Anna hatte zwar nicht dieselben Interessen wie Maria, aber sie bedauerte das junge Mädchen doch aufrichtig, das in so bedrückender Umgebung, wie es der Mäderhof für sie selbst war, ihr Leben zubringen mußte. Sie redete Maria zu, recht oft auf Besuch zu kommen. Doch leider starb Maria schon zwei Jahre später; da stand schon meine eigene Geburt bevor, und es war ausgemacht, daß sie meine Patin werden sollte. Sie zog sich in ihrer eiskalten Schlafkammer eine schwere Erkältung zu, die sie nicht richtig auskurieren konnte. Ihre Schwester Selma machte sich noch im hohen Alter und bis zu ihrem Tod schwere Vorwürfe deswegen, obwohl niemand ihr eine Schuld geben konnte. Ihre Gewissensnöte trieben sie immer aufs neue, die Gewißheit der Vergebung zu suchen; bewahrten sie wohl auch davor, sich ihrer Frömmigkeit und ihrer Aufopferung für die Familie je zu überheben.

Auch Bruder Gerhard war tief bekümmert um seine jüngste Schwester. Doch er ließ es nicht gelten, wenn Anna Vorwürfe gegen Selma äußerte. Er wußte gut genug, wie hart diese um die Existenz auf dem kleinen Hof zu kämpfen hatte, seit Bruder Philipp, aus dem Krieg heimgekehrt, den größeren Teil davon übernommen und eine Familie gegründet hatte.

Selma wußte, daß sie sich in jeder Notlage an

Gerhard wenden durfte. Schon im Frühjahr, wenn es Heuferien gab, fuhr er gleich am ersten Tag auf den Mäderhof, um bei der Heuernte zu helfen. Anna mochte vorbringen, was sie wollte – nichts konnte ihn abhalten. Einmal war er wieder abgereist, doch schon am nächsten Tag regnete es in Strömen, und der Oberlehrer in Beutelsbach, der als der Ältere das Vorrecht hatte, ordnete an, der Schulbetrieb müsse sofort wieder aufgenommen werden. Nicht ohne kleine Schadenfreude telegrafierte Anna auf den Mäderhof, Gerhard mußte umgehend heimkehren. Doch nach einem Unterrichtstag schien wieder die Sonne, und Gerhard fuhr unverzüglich wieder zur Heuernte auf den Hof.

Wenn er dann zurückkam, schleppte er ganze Blechkannen voll Honig mit nach Hause; Selma betrieb eine kleine Imkerei, und es war zu der Zeit nicht leicht, den Honig abzusetzen, denn das Geld war knapp. Anna wußte, ohne zu fragen, daß Gerhard trotz seiner Fahrkosten und Schufterei den Honig bis auf den letzten Pfennig bezahlt hatte. Und wenn sie auch selbst äußerst anspruchslos war – es wurmte sie doch, daß man sich auf diese Weise nicht den geringsten Luxus leisten konnte.

Dabei hatte sie wirklich keinen Grund, sich

über Vernachlässigung zu beklagen. Sie wußte, daß er keine freie Minute für sich selbst beanspruchte. Immer war er bereit, jede noch so belanglose Kümmernis anzuhören, die ihr zu schaffen machte, sie in allem ernst zu nehmen, sie auch zu beschwichtigen und zu trösten. Abends, wenn er seine Hefte korrigierte und sich vorbereitete, dann saß sie bei ihm, stopfte Strümpfe oder strickte winzige Jäckchen und Häubchen. Zum Tagesabschluß setzte er sich dann ans Klavier, und gemeinsam sangen sie ein Abendlied, am liebsten immer wieder das von Claudius mit dem Schlußvers:

»Gott, laß uns dein Heil schauen,
auf nichts Vergänglichs trauen,
nicht Eitelkeit uns freun.
Laß uns einfältig werden
und vor dir hier auf Erden
wie Kinder fromm und fröhlich sein.«

Und es fiel Anna nicht schwer, immer wieder allen Verdruß zu überwinden. Sie wußte es in all den Jahren ihrer Ehe, wie gut sie es hatte an der Seite dieses lieben Menschen, und sie war dankbar dafür.

Auch im Dorf wurden ein paar nette Bekanntschaften geschlossen, welche die Beutelsbacher Jahre überdauern sollten. Da waren zwei junge Weingärtnerskinder – Ernst und Marie –, beide sehr musikbegabt, die von dem jungen Lehrer Harmoniumstunden erhielten. Marie gegen einen Topf Schmalz bei jeder Hausschlachtung; ihre Familie hieß bei uns immer »Schmalz-Dippons«, und das war liebevoll gemeint, denn die Zeiten waren mager. Marie und Ernst wurden später ein Paar, und unsere Verbindung zu der Familie hat bis heute nicht aufgehört.

Auch eine gastfreie Pfarrfamilie war da, mit zehn Kindern. Was für ein Leben herrschte da in dem alten Pfarrhaus! Sogar Ziegen wurden gehalten, um den Milchbedarf für die Kinderschar zu bestreiten. Wenn man den Hausflur des Pfarrhauses betrat, empfing einen der Duft des Heus, das da hoch aufgestapelt war. Das junge Lehrerspaar wurde stets zu den Kindergeburtstagen eingeladen. Das war eine riesige, muntere Kaffeetafel! Für jeden gab es ein großes Stück Kuchen – nur auf dem Teller des Geburtstagskindes lagen zwei Stücke …

Gerhard und Anna feierten ihr erstes Weihnachtsfest im eigenen Heim. Anna schmückte ein Bäumchen, und darunter stellte Gerhard sein Geschenk – einen drolligen Plüsch-Esel. Sie lachten miteinander und waren selbst wie Kinder in ihrer Vorfreude auf das kleine Menschenwesen, dem der Esel einmal gehören und Freude bereiten sollte.

Die Zeit seiner Ankunft rückte heran. Eines Tages begleitete Gerhard seine Frau nach Stuttgart, in eine Klinik, die ihnen empfohlen worden war. »Kommen Sie in vierzehn Tagen wieder«, beschied sie der Arzt dort, »und machen Sie sich darauf gefaßt, daß Sie auch dann noch viel Geduld haben müssen ...« Guter Dinge fuhren sie mit der Bahn zurück, die Vorfreude machte sie fast ein wenig übermütig. So geschah es, daß sie übers Ziel hinausfuhren und erst in Grunbach aus dem Zug stiegen. Es war ein schöner Sommertag, so gingen sie den Weg nach Beutelsbach zu Fuß zurück, munter ausschreitend über die Höhe. In der darauffolgenden Nacht kam der kleine Gerhard zur Welt; eine alte erfahrene Hebamme tat ihr Bestes, auch der junge Vater war zu jedem Dienst bereit. Alles verlief gut, und es stand für Anna fest, daß sie auch künftig nie ein Kind anderswo als daheim zur Welt bringen wollte.

Der kleine Gerhard – in seinen ersten Jahren »Gerhardle« genannt, zur Unterscheidung vom Vater – gedieh von der ersten Stunde an prächtig. Er war ein Kind, wie Eltern es sich nicht besser wünschen können, gesund und fröhlich, dabei leicht zum Guten zu lenken. Ein Sohn, von dem die Eltern später sagen konnten, er habe ihnen immer nur Freude bereitet. Manche heitere Episoden aus seiner frühen Kinderzeit blieben in Erinnerung. Zum Beispiel seine erste Begegnung mit diesem Plüsch-Esel. Den sollte er zu seinem zweiten Weihnachtsfest bekommen. In den Wochen vor Weihnachten wurde der Esel auf dem Grund des Kleiderschranks aufbewahrt. Eines Tages kam der Vater eilig aus der Schule heim: er mußte sich in höchster Eile umziehen, da eine Beerdigung war und er den Leichenchor zu dirigieren hatte. So stand er vor dem geöffneten Kleiderschrank und stieg hastig in seine schwarze Hose, als Gerhardle vergnügt angewackelt kam. Doch plötzlich stand der Kleine wie erstarrt, die blauen Augen weit aufgerissen vor Entsetzen: zwischen Mänteln und Röcken blickte aus dem Schrank der Eselskopf mit gläsernen Augen dem kleinen Mann gerade ins Gesicht. Der aber flüchtete sich mit lautem Angstgeschrei zum Vater, klammerte sich schutzsuchend an dessen Knie, und es dauerte eine Weile, bis er sich beruhigt hatte. Später, wie ich schon erzählte, schloß er das lustige Grautier sehr innig in sein Herz.

Das zweite Kind war ich. Die Eltern waren überglücklich, nun auch ein kleines Mädchen zu haben. Allerdings – was für den Erstgeborenen gegolten hatte, das galt nicht in gleicher

Weise für die kleine Tochter. Ich kam zwar gesund zur Welt, doch mit dem Gedeihen haperte es. Ich war schwächlich und anfällig gegen Störungen aller Art, bekam Asthma und was sonst noch alles. Die Leute vom Dorf wiegten bei meinem Anblick bedenklich den Kopf – es war leicht zu merken, daß sie für mein Leben keinen roten Pfennig gegeben hätten. Doch meine Eltern nahmen den Kampf auf. Vor allem der Vater war unermüdlich, alles zu versuchen, was meinem Befinden zuträglich sein konnte. Er trug mich, sobald ein Sonnenstrahl sich zeigte, ins Freie, warm eingemummt, mit einer unter dem Kinn gebundenen Flanellhaube auf dem fast kahlen Köpfchen. Immer bis zum nahen Friedhof, wo er mich auf der besonnten Mauer niedersetzte. Dort warteten wir, bis ein Zug vorbeigebraust kam. »Ei – ei – Zugele!« das gehörte zu den ersten Worten, die ich sprechen konnte. Und eher wollte ich nicht umkehren. Auch beim Füttern machte ich Schwierigkeiten, das eine mochte und das andere vertrug ich nicht. Wenn ich etwas nicht mochte, dann machte ich einfach »pff« – und da hatte man die Bescherung ... Mein Vater aber sammelte an Wegrändern die zartesten Brennesselspitzen, die er finden konnte, aus denen mußte mir die Mutter Gemüse bereiten.

Vor allem aber ermunterte er mich unermüdlich, von dem guten Honig zu schlecken, den wir ja immer reichlich hatten. Und als ich mit der Zeit doch kräftiger wurde, behauptete er, der gute Mäder-Honig habe Wunder an mir vollbracht. Ich entwickelte mich in den folgenden Jahren ganz normal, sah mit dem blonden Lockenkopf recht niedlich aus und gab keinen Anlaß zu besonderen Sorgen. Doch – wie ich schon sagte – ich war nicht das Töchterchen, das sich meine Mutter ersehnt hatte.

Ja, was eigentlich hatte ihr vorgeschwebt, wie sollte eine Tochter sein, die ihren Eltern Freude macht? Lieb und ordentlich und fügsam, ein richtiges Haustöchterlein, dem es schon früh das höchste Glück bedeutet, der Mutter zur Hand zu gehen. Aber gerade das war ich nicht und konnte es niemals werden. Ich lehnte ihre Ansprüche an mich ab und versuchte, mich ihr gegenüber zu behaupten mit den dürftigen Mitteln, die mir zu Gebote standen. Ich fühlte mich von Anfang an mehr zum Vater hingezogen als zur Mutter, die ich ja doch nie wirklich zufriedenstellen konnte. Die eigentlichen Auseinandersetzungen zwischen ihr und mir erfolgten freilich erst in späteren Jahren. Aber ich bin sicher, daß sie schon in dieser Beutelsbacher Zeit sich andeuteten. Immerhin konnte die Mutter noch hoffen, daß ich mich mit der Zeit nach ihrem Wunsch entwickeln würde. Mein Vater jedenfalls fand die Lage nicht besorgniserregend.

Als ich noch nicht vier Jahre alt war, verließen wir Beutelsbach. Mein Vater war als Sport- und Musiklehrer an das Lehrerseminar nach Nürtingen berufen worden.

Die Familie wächst und entfaltet sich

(Unsere Nürtinger Jahre)

Es ist wohl kein Zufall, daß meine frühesten Kindheitserinnerungen mit dem Tag unseres Umzugs nach Nürtingen beginnen. Alles, was davor lag, hat sich im Dämmer verloren.

Dieser Umzugstag war ein eindrückliches Erlebnis – genauer gesagt, der Einzug im neuen Heim. Da zu jener Zeit fast unmöglich war, eine Wohnung zu finden, erhielten wir in einem Nebenbau des Lehrerseminars einige Räume zugewiesen. Da fuhr nun also das Möbelauto durch ein für meine Begriffe riesenhaftes eisernes Gittertor in den Seminarhof ein. Jahre hindurch konnte ich dieses Tor nicht auf normale Weise öffnen, da ich zu klein war, die Klinke zu erreichen; so kletterte ich immer am Gitterwerk in die Höhe, hängte mich an den Griff und setzte dann mit schwingenden Bewegungen das Tor in Bewegung.

An diesem ersten Tag nun kletterte ich ganz benommen aus dem Auto, stand auf dem gepflasterten Hof, staunte an der riesigen Linde empor, die in der Mitte des Hofes stand und deren Wipfel sich hoch hinauf ins Himmelsblau streckte.

Aus dem riesigen Schlund des Möbelwagens kam nun unsere Habe zum Vorschein, meine Eltern waren fürs erste vollauf beschäftigt. Bruder Gerhard stand und lauschte – irgendwo im Seminar erklang Musik. Und wie von unsichtbaren Fäden gezogen folgte er den Tönen. Meine Mutter trat zu mir und gab mir ein paar Anweisungen: Ich könne mich hier ein wenig umsehen, doch solle ich darauf achten, daß ich sauber bliebe. Ich wisse ja, das gute Kleidchen! (Es war eigens für diesen Tag genäht worden, aus blauem Samt.) Und nach dem Ausladen seien wir im Rektorhaus zum Kaffee eingeladen; ich müsse dann schön die Hand geben und sagen: »Grüß Gott, Herr Direktor!« Natürlich auch recht manierlich am Tisch sitzen ... Jaja, das alles wußte ich längst.

Nachdem ich mich an der Linde sattgesehen hatte, geriet ich in den Bann einer Steintreppe mit ungeheuer vielen, hohen Stufen, die den großen Seminarhof mit einem kleineren, tiefer liegenden verband. Ich stolzierte diese Stufen ein paarmal hinab und wieder hinauf, allmählich in immer schnellere Gangart überwechselnd, wie eine am Faden hüpfende Marionette. Aus den Fenstern schauten Seminaristen und amüsierten sich höchlich, das befeuerte mich. Als die Geschwindigkeit sich nicht mehr steigern ließ, legte ich mich bäuchlings aufs Geländer und sauste hinunter – das ging im Hui. Schließlich setzte ich mich auf die oberste Stufe und rutschte auf meiner rundgepolsterten Sitzfläche abwärts; auch das war großartig, wenn auch nicht ganz bequem.

Was ich sonst noch angestellt habe, weiß ich nicht mehr. Der Möbelwagen rumpelte zum Tor hinaus, die Mutter rief nach mir. Ich rannte begeistert auf sie zu – doch ihr Gesicht wurde starr bei meinem Anblick. Was hatte sie bloß wieder? Ich sah an mir herab und erschrak selbst: – was hatte ich versprochen – und wie sah ich nun aus! Das blaue Samtkleid war ruiniert. Schon trat über den Hof der Herr Oberstudiendirektor Geiges auf uns zu – er mußte es sein, so würdevoll wie er aussah. Herzlich streckte er mir die Hand entgegen, ich reichte ihm meine dreckige kleine Pfote hin und sagte zutraulich: »Grüß Gott, Herr Geiges!«

Er schien durch die Begrüßung belustigt, aber ich bemerkte, daß meine Mutter vor Scham am liebsten in den Erdboden versunken wäre. Ach so – die Anrede! Aber unter sich redeten die Eltern doch immer vom Herrn Geiges, konnte es denn etwas Schlimmes sein, daß ich ihn bei seinem Namen genannt hatte? Ich sah kommen, daß mich die Mutter am Abend mit heftigen Vorwürfen überschütten würde, und ich mußte es als unbegreifliches, unabwendbares Geschick hinnehmen, daß alles, was ich tat, verkehrt war. Ja, wenn ich an meine Mutter zurückdenke, wie sie mir in meiner Kindheit erschien, so sehe ich sie vor mir mit diesem vorwurfsvollen, bekümmerten Gesicht, mich ermahnend und mir Vorhalte machend. Lange hielt ich dieses Bild für normal, glaubte, dies sei die gewöhnliche Art aller Mütter, mit ihren Kindern umzugehen. Jedenfalls mit ihren kleinen Töchtern.

Bei meinem Bruder Gerhard gab es weit weniger auszusetzen. Er fühlte sich von Anfang an vom musikalischen Betrieb im Seminar angezogen. Vater mußte ihm eine kleine Geige besorgen, und schon als Abc-Schütze durfte er im Orchester der Seminaristen mitspielen. Alle hatten ihren Spaß an dem Kerlchen und staunten über den klaren, vollen Strich seiner Geige. Ich dagegen unternahm mit größtem Vergnügen Streifzüge durch die weitläufigen Gebäude des Seminars, klimperte auf den ausgedienten Pianos in den Dachkammern und landete gelegentlich auch im Kohlenkeller. Am liebsten jedoch hielt ich mich in der Seminarküche auf, war wohlgelitten bei der Köchin und den Küchenmädchen und richtete auch manchen Unfug an. Einmal ließ ich einen frischgebackenen Johannisbeerkuchen fallen – ich wollte ihn vom Regal heben und bedachte nicht, daß er noch heiß war. Meine Mutter ließ es sich nicht nehmen, diesen Kuchen zu ersetzen, obwohl die freundliche Köchin dies ganz unnötig fand. Aber wie lange wurde mir diese Untat vorgeworfen – dabei hatte ich der guten Fräulein Berta nur zur Hand gehen wollen!

Trotz allem fühlte ich mich wohl in der neuen Umgebung. Meine Mutter ließ graue Schürzchen für mich anfertigen aus einem unangenehm glatten, aber völlig unempfindlichen Stoff, und ich war damit zufrieden. Ich war im Seminar bekannt mit struwweligem Lockenkopf und zerschrammten Knien, und ich bekam den Spitznamen »unsere Seminarkatz«. Doch alle waren nett zu mir, und den Spitznamen trug ich fast als eine Ehre. Die unvermeidlichen Szenen beim Nachhausekommen beschwerten mich nicht allzu sehr.

Eine Änderung trat ein, als ein kleiner Bruder ankam. Theodor war ein herziges Kerlchen mit flachsblonden Ringellocken, und ich liebte ihn sehr. Doch als er anfing, auf seinen

Beinchen zu marschieren, da wurde es mir zur Pflicht gemacht, jeden seiner Schritte zu überwachen. Das war eine harte Zumutung für die »Seminarkatz« – meinem Unternehmungsdrang waren plötzlich Grenzen gezogen. Ich mußte mit dem Kleinen im Hof bleiben, wo die Mutter uns von ihrem Küchenfenster aus beobachten konnte. Der geräumige Hof wurde mir plötzlich unerträglich langweilig. Aber dem Bübchen drohten mancherlei Gefahren hier – er war so quirlig und blutete so leicht aus der Nase. Wie leicht konnte er die steinerne Treppe hinunterfallen – zum Glück geschah das nie! Doch manchesmal habe ich meine Pflicht versäumt – nur für einen Augenblick, dachte ich. So kam es ein paarmal vor, daß der Kleine durch das zufällig offenstehende Seminartor entwischte und ganz vergnügt die Neckarsteige hinuntertapste. Einmal gelangte er bis auf die Neckarbrücke, wo ihn ein Seminarist aufgriff und nach Hause brachte. Ich erinnere mich an aufregende Suchaktionen und darauffolgende Strafgerichte, bei denen ich mir völlig bewußt war, daß ich sie verdient hatte. Ich wurde für einige Zeit in den Kellerverschlag eingesperrt, da saß ich dann auf einer Obstkiste und gelobte mir Besserung. Wirklich zuverlässig war ich wohl nie. Doch der

Kleine blieb durch Gottes Güte vor Schaden bewahrt, an dem ich die Schuld hätte tragen müssen.

Einmal hatte die Mutter mich in den Keller gesperrt. Ich weiß nicht mehr, was mir vorgeworfen wurde – jedenfalls fühlte ich mich ungerecht behandelt, mein Herz war von Groll erfüllt. Da wußte ich mir nicht anders zu helfen: Ich setzte mich auf den kalten Steinfußboden. Mir war schärfstens eingeprägt worden, daß ich dies niemals tun durfte, weil ich zu Erkältungen neigte. Aber ich dachte: Es geschieht ihnen ganz recht, wenn ich krank werde! Warum tun sie mir so etwas an! Und darin fand ich eine trotzige Genugtuung.

Einen Einschnitt bedeutete es auch, als ich zur Schule kam. Das Lesen lernte ich spielend, es wurde für viele Jahre meine heftigste Leidenschaft, sehr zum Kummer meiner Mutter. Aus der »Seminarkatz« wurde eine Leseratte. Wohin ich auch kam, überall schaute ich nach Lesestoff aus. Märchen hatte ich am allerliebsten. Und wenn ich mich erst einmal festgelesen hatte, so war die übrige Welt für mich versunken. Auch wenn ich nicht las – ich träumte, wo ich ging und stand, war mit meinen Gedanken immer anderswo. In der Schule gab es eine Leihbücherei, und ich schleppte Bücher heim, soviel ich tragen konnte. Der Lehrer bekam von meinen Eltern Anweisung, mir nicht mehr als ein Buch pro Woche zu leihen, und ich wurde deswegen gehänselt. Aber es half nicht viel, ich fand doch Wege, mir Bücher zu beschaffen. Ein Bild ist mir in Erinnerung: Ich hatte gelesen bis zur Schlafenszeit, nun sollte ich mich ausziehen und zu Bett gehen. Noch während ich aus dem Röcklein schlüpfte, blickte ich in das aufgeschlagene Buch, das vor mir auf dem Tisch lag. Ich brachte das Röckchen nur bis in Augenhöhe, und so verharrte ich, versunken weiterlesend. Bis meine Mutter das Buch zuschlug und mir erzürnt befahl, den Rock vollends über den Kopf zu ziehen. An solche Ärgerlichkeiten pflegte sie mich bei jeder Gelegenheit wieder zu erinnern, weshalb sie mir auch im Gedächtnis geblieben sind. Überhaupt habe ich ihr wohl nichts so übelgenommen wie das ständige Wieder-Ausgraben schlimmer Dinge. Auch was gesühnt und vergeben war – bei irgendeiner Gelegenheit bekam ich es schonungslos wieder aufgetischt, ich fühlte mich aufs neue bloßgestellt und beschämt, und es gab Anlässe, bei denen ich ernstlich glaubte, daß ich meine Mutter dafür haßte.

Natürlich fing ich bald an, meine Eltern mit

denen meiner Spielkameraden zu vergleichen. Dabei schnitt mein Vater glänzend ab – ich war überzeugt, den besten Vater von der Welt zu haben, er war in meinen Augen von unantastbarer Vollkommenheit. Einmal – es muß in meinem ersten Schuljahr gewesen sein, denn ich ging noch in das alte Schulhaus, uns gegenüber an der Neckarsteige – da kam der Vater der kleinen Dora in den Unterricht, um sich beim Lehrer über irgend etwas zu beschweren. Ich sehe ihn noch vor mir, wie er zornrot schrie und die Fäuste schüttelte – vielleicht war er auch betrunken. Jedenfalls sah er sehr abstoßend aus. Doch ich beobachtete ihn ganz fasziniert. Das also war Dorles Vater – wie froh war ich, daß es nicht der meinige war! Meiner war anders, ganz anders! Und vielleicht zum erstenmal wurde mir bewußt, daß ich einen wunderbaren Vater hatte. Obwohl er selbst dabei gar nicht in Erscheinung trat; aber das ist eigentlich bezeichnend, denn ich bekam ihn die Woche hindurch nur selten zu Gesicht.

Was die Mütter betraf, fiel der Vergleich für meine eigene sehr ungünstig aus. Da gab es großzügige Mütter, die Spaß verstanden. Daß sie auch ihre Schattenseiten haben mochten, das sah ich nicht und wollte es vielleicht gar nicht sehen. Jedenfalls beneidete ich manche

Freundinnen um ihre Mütter, und ich faßte den festen Vorsatz, wenn ich einmal Kinder hätte, wollte ich ihnen eine bessere Mutter sein, als meine es war. Viel später, als ich Kinder zu erziehen hatte, geriet ich dann freilich in Gefahr, die selben Fehler zu begehen wie sie einst; und kein Vorwurf konnte mich härter treffen, als wenn eins sagte: »Ach Mutter, kannst du diese Sache nicht endlich ruhen lassen – warum so endlos wiederkäuen …«

Meine Grundschulzeit war keine glückliche Zeit. Ich hatte vier Jahre lang denselben Lehrer – einen Schulmeister, auf dessen Gesicht ein Lächeln unvorstellbar war. Auch bei ihm lag der »Tatzenstock« im Pult. Es konnte vorkommen, daß er zur Tür hereinkam und wütend wurde, weil keins der Kinder an seinem Platz saß, alle munter durcheinander schwirrten. »Jedes bekommt vier Tatzen«, verkündete er. Dann mußten alle der Wand entlang sich aufstellen, und ein gut Teil der Stunde ging darüber hin, bis jedes einzeln ans Pult getreten war, seine Streiche empfangen hatte und mit roten Striemen über die Handfläche sich auf seinen Platz setzen durfte.

Mich besonders mochte der Lehrer nicht, und er hatte dafür auch gute Gründe. Schon als noch in der ersten Fibel buchstabiert wurde –

la-le-li-lo ..., da hatte ich heimlich weitergeblättert und las im hinteren Teil die Geschichte von dem kleinen Hasen, der seiner Mama entwischt und allerlei Gefahren besteht. Ob er wohl ohne Schaden zurückfinden wird? Meine Backen glühten, ich hörte gar nicht, daß ich aufgerufen wurde. Bis eine große, harte Hand mich an der Schulter faßte, und nun war ich selbst das arme Häschen, dieser Hand ausgeliefert. Wie oft habe ich mir in diesen Jahren seinen Zorn zugezogen, wie manches Unwetter ist über mich niedergegangen!

Der schlimmste Fall, an den ich mich erinnere: Ich hatte vor dem Unterricht mit anderen Kindern am Steinenbach gespielt, wir hatten nach den silbrigen Fischchen gehascht, und ich hatte wirklich eins erwischt. Es war lauter Dummheit, denn das winzige Tierchen ging in meiner tolpatschigen Hand zugrunde. Aber ich war über meinen Fang irgendwie beglückt, und ich kam auf die närrische Idee, das tote Fischchen dem Lehrer aufs Pult zu legen. Wahrscheinlich bildete ich mir ein, er würde sich darüber freuen, ich könnte ihn gewinnen. Um so härter traf mich, wie er es aufnahm: Er baute sich turmhoch vor uns auf, fragte nach dem Übeltäter. Alle zeigten auf mich. Er winkte mich mit dem Finger zu sich, stand vor mir, fast sprachlos vor Wut, mit den Lippen unhörbare Worte formend. Ich sollte eine Erklärung geben, aber ich war wie gelähmt. Unheimliches Schweigen hing über uns, ich weiß nicht wie lange. Ich blickte in diese durchbohrenden Augen unter den borstigen Brauen. Meine Hände wurden feucht. Ich konnte keinen Piep herausbringen. Aber ich rührte mich nicht, wich auch nicht zurück, als er die Hand nach mir ausstreckte. Er packte meine Zöpfe, schüttelte mich, riß mich hin und her – dann weiß ich nichts mehr.

Als mein Bewußtsein aus dem Dunkel wieder auftauchte, lag ich auf einer der harten Schulbänke ausgestreckt. Die staubdurchwölkte Schulstube, die Säulen, die die düstere Decke stützten, das präparierte Eichhörnchen auf dem Schrank – alles verschwamm vor meinem Blick und wurde dann wieder ganz deutlich. Ich konnte nicht begreifen, warum ich nicht in meinem Bett aufwachte. Dann erblickte ich den Lehrer, der am Waschbecken stand und mein Schürzchen wusch, das ganz blutig war. Er hängte es über den Ofen und war ausnahmsweise sehr freundlich und besorgt um mich, was mich seltsam rührte. Ich blieb die nächsten Stunden ganz unbehelligt. Und als die Schule aus und mein graues

Schürzchen getrocknet war, da ordnete der Lehrer sogar an, meine Nebensitzerin Magda solle mich nach Haus begleiten, zum Seminar.

Das Traurigste an dieser Geschichte ist, daß ich daheim nicht wagte, den Eltern etwas von diesem Erlebnis zu erzählen, das mich so tief erschüttert hatte. Ja ich überredete Magda, schon ein gutes Stück vor dem Seminartor wieder umzukehren, damit sie nichts bemerkten. War ich doch überzeugt, wenn ich etwas verlauten ließe, so würde meine Mutter mich mit Vorwürfen, überschütten. Niemals würde sie an meine Unschuld glauben, von der ich selbst nicht wirklich überzeugt war. Zu meinem Vater hätte ich vielleicht Zutrauen gehabt – aber er hatte ja so wenig Zeit; und ich merkte auch früh, wie schwer es ihm fiel, vor uns Kindern der Mutter zu widersprechen, auch wenn er nicht gleicher Ansicht war wie sie.

Erst viel später erzählte ich meinen Eltern, was damals geschehen war. Und sie konnten nicht begreifen, warum ich damals geschwiegen hatte.

Was ich übrigens noch anfügen möchte: Jener Lehrer galt als fromm, und meine Eltern schätzten sich glücklich, daß ich gerade ihn als meinen ersten Lehrer bekam. Meine Mutter hielt es sogar für richtig, ihm bei der Anmeldung ans Herz zu legen, recht streng mit mir zu verfahren, da ich das nötig hätte. Er hat den Auftrag sehr ernst genommen – ich hatte keinen guten Tag bei ihm. Unvergeßlich ist mir, wie einmal der Schulrat zu uns in die Klasse kam: Da herrschte plötzlich ein freier, fast heiterer Ton, es machte Spaß, aufzupassen, ich streckte in meiner Begeisterung immer wieder den Finger und wollte Antworten geben. Einige Tage später sah ich während der Pause den Schulrat auf dem Hof stehen, mit ein paar Lehrern zusammen. Ich lief auf ihn zu und bat ihn zutraulich, doch recht bald wieder zu uns in die Klasse zu kommen. Die Herren lachten schallend, was mich befremdete.

Nur mein eigener Lehrer lachte nicht, er biß sich verärgert auf die bleiche Unterlippe. Da wußte ich, daß ich wieder etwas Verkehrtes gemacht hatte, und ich zog mich verwirrt zurück.

Doch auch dies muß ich noch erzählen: Viel später, als mich mein Lebensweg wieder nach Nürtingen führte, da erkundigte ich mich nach meinem ehemaligen Lehrer. Und ich erfuhr, daß er im Ruhestand lebe, aber sehr viel Gutes tue, Kranke besuche und in aller Stille vielen Menschen helfe. Da habe ich ihm in meinem Herzen vergeben, ja Abbitte getan für all den Groll, mit dem ich all die Jahre an ihn zurückgedacht. Gewiß, er war ein furchtbarer Lehrer, und ich war nicht die einzige, die unter ihm zu leiden hatte. Aber wer kann wissen, welcher Tyrann ihm vielleicht schon in seiner Kindheit die unbarmherzigen Prinzipien eingetrichtert hat? Traurig, daß die Liebe zum Vater im Himmel ihm nicht helfen konnte, auch seine Schulkinder in rechter Weise zu lieben. Aber wenn er später diese Liebe an Leidende weitergeben konnte – wer dürfte über ihn den Stab brechen? Wir haben niemals ein Recht, über andere Menschen zu richten, die wir doch selbst so ganz und gar darauf angewiesen sind, daß Gott uns um des Herrn Jesus willen alle Schuld vergibt!

Meine Mutter hatte als kleines Mädchen am allerliebsten mit Puppen gespielt. Ihre Lieblingspuppe hatte sie durch ihr weiteres Leben begleitet, bis zu ihrer Verheiratung hatte sie sich nicht von ihr getrennt. Es war eine Gliederpuppe mit kohlschwarzen Zöpfen und dem Namen Olivia – den hatte sie nach langen Überlegungen mit Mamas Hilfe gefunden, denn es mußte ein wunderbarer Name sein, den keine andere Puppe trug. Nun sie eine kleine Tochter hatte, konnte meine Mutter kaum erwarten, daß die alte Puppenseligkeit aufs neue aufleben werde. Schon früh zeigte ich allerdings eine ausgesprochene Abneigung gegen Olivia, doch Mutter ließ sich nicht entmutigen. Sie kaufte für mich die niedlichste Puppe, die man finden konnte, einen Puppenwagen, Puppenstube und Puppenküche. Mutter nähte und strickte Mäntelchen und Mützchen für das Puppenkind. Aber ich hatte für alles kaum einen Blick, meine Augen suchten auf dem Gabentisch immer zuerst nach einem Bilderbuch, später nach einem Buch mit Erzählungen. Jedes Jahr kamen neue Puppensachen hinzu, immer hoffte die Mutter, meine Freude würde erwachen angesichts solcher Herrlichkeiten. Der Vater sagte manchesmal mit freundlichem Spott: »Ich weiß schon, für dich selbst kaufst du all den Kram. Aber ich gönn' es dir – wenn es dir Spaß macht!« Das war für meinen Vater ein erstaunliches Wort, denn er war von Natur sparsam, ohne allerdings je zu geizen. Er bemühte sich, uns schon früh zu lehren, mit wenig Geld auszukommen, möglichst unabhängig zu werden von den Äußerlichkeiten des Lebens. Es war sicher eine Überwindung für ihn, mitanzusehen, wie die Mutter so völlig nutzlos Geld ausgab. Doch sie stellte so wenig Ansprüche, brauchte so wenig für sich selbst; sie ging so sorgsam mit ihren Sachen um, daß alles unwahrscheinlich lange hielt. Da konnte er ihr die harmlose Verschwendung nicht wehren.

Ich erinnere mich an einen Weihnachtsabend, da saß ich in dem kleinen Korbstuhl vor meiner Puppenküche und las in meinem neuen Buch; nebenher futterte ich, fast ohne es zu wissen, alles aus der kleinen Küche heraus, was Eßbares darin war: Marzipangemüse, gefüllte Kaffeeböhnchen, kandierte Früchte, sogar eine winzige Marzipantorte. Bis meine Hand nichts mehr von Naschwerk fand. Da blickte ich verdutzt von meinem Buch auf, besah all die geleerten Fächer und sagte: »Jetzt kannsch d' Puppeküche wieder aufhebe, Mudder!«

»Echt Bede!« hieß es da.

»Echt Bede!« Wie oft habe ich das in meinem Leben zu hören bekommen! Ein anderes Weihnachtsfest ist mir in Erinnerung, das war, als Theodor ein Schaukelpferd bekam. Ich war begeistert davon, schwang mich in den Sattel, hielt in der einen Hand ein aufgeschlagenes Buch, in der andern den roten Zügel, las und schaukelte und war den Abend nicht mehr herunterzubringen. Der kleine Bruder, nachdem er vergeblich versucht hatte, seine Rechte gegen mich geltend zu machen, fand sich schließlich mit der Lage ab und vergnügte sich damit, meine Puppen im Puppenwagen um den Eßtisch zu schieben. Er war ein friedfertiger kleiner Bursche.

Theodor war Mutters Liebling von Anfang an. Gerhard, der Älteste, war zwar der Begabteste von uns, und nie gab es über ihn irgendwelche Beschwerden. Aber er war auch der stillste, immer eher in sich gekehrt, und die Musik hatte ihn schon früh in ihren Zauberkreis gezogen. Wenn man sich mit ihm unterhalten wollte, so mußte man ihm die Worte förmlich aus dem Munde ziehen. Doch der Vater besaß von klein auf sein ganzes Vertrauen; auch in späteren Jahren hat er in allen wichtigen Fragen und Entscheidungen seines Lebens immer den Vater um seinen Rat gebeten, sich daran gehalten, und er war sicher, damit das Richtige zu treffen.

Theodor dagegen war lieb und anschmiegsam, das »Herzblättchen« der Mutter. Ihr saß er noch gern auf dem Schoß, als er schon zur Schule ging. Es war eine Wohltat für sie, da ich ihr so manche Enttäuschung bereitete. Nicht daß sie den Kleinen uns beiden Großen in aufreizender Weise vorgezogen hätte; aber wir spürten doch, daß sie an ihm besonders hing. Und ich kann behaupten, daß weder Gerhard noch ich jemals deswegen Neidgefühle gehegt haben. Im Gegenteil, wir liebten unseren Jüngsten ja auch aufs innigste, und ich fand in seiner liebevollen Anhänglichkeit oft genug Trost; da konnte keine Mißgunst aufkommen.

Ein für mich recht beschämendes Bild steht mir vor Augen:

Theodor hatte zu seinem Geburtstag eine Packung mit Schokoladetalern bekommen, war stolz und glücklich und teilte auch großmütig aus. Bald sah man seiner Schachtel auf den Boden, und das war vor allem meiner Gier zuzuschreiben. »Jetz is Sluß!« erklärte er schließlich und deckte seine Patschhand über den Rest seines Schatzes. Bald darauf hielt er friedlich seinen Mittagsschlaf in dem weißen Gitterbett, die fast leere Schachtel immer noch mit seinem Ärmchen umschlossen. Sie stand offen, und da konnte ich der Versuchung nicht widerstehen: Ich schlich mich heran, griff vorsichtig mit den Fingerspitzen in die Schachtel, holte mir noch einen süßen Taler und verzehrte ihn. Aber er schmeckte mir nicht, ich kam mir gemein und verächtlich vor. Sonderbar – in meinem späteren Leben hatte ich noch oft genug Grund, mich zu schämen, viel schwerwiegenderer Dinge wegen; aber ich glaube fast, ich habe mich nie tiefer geschämt als damals, wie ich die Schokolade aß, dabei das rosige Köpfchen des arglos schlummernden kleinen

Bruders vor Augen, den ich so schändlich beraubt hatte.

Ich war fast acht Jahre alt, da zogen wir um in ein neuerbautes Beamtenwohnhaus am Fuß des Ersberg. Hier gab es noch kaum Häuser, ringsum breiteten sich Wiesen, und der muntere Tiefenbach war nicht weit. Nur der kleine Theodor konnte sich nicht so leicht eingewöhnen. Ein paarmal stapfte er mit entschlossenen Schritten davon. Ich rannte ihm nach, und wenn ich ihn fragte, wohin er denn wolle, guckte er mich an und sagte nur: »Heim.«

Ich selbst genoß die freiere Umgebung. Am liebsten wäre ich stundenlang draußen herumgestreift, mit einem Buch unterm Arm. Aber die Mutter war unerbittlich: Zuerst mußte ich die Hausaufgaben für die Schule machen, dann eine halbe Stunde Klavier üben. Ich bekam seit einiger Zeit Klavierstunden von einem Seminaristen, dem mein Vater auf diese Weise einen kleinen Verdienst zukommen lassen wollte. Der schüchterne junge Mann versuchte bei mir Verständnis für die Musik zu wecken, aber da hatte er wenig Glück. Bruder Gerhard – ja, der machte Fortschritte, über die sich jedermann verwunderte. Aber ich drückte mich um das Üben, so gut ich konnte. Wie durfte die Mutter von mir verlangen, mich damit zu plagen –

hatte sie es doch selbst nie weitergebracht als zum »Fröhlichen Landmann«, den konnte ich inzwischen auch! Und seit langem spielte sie überhaupt nicht mehr. Waren nicht die Hausaufgaben schon schlimm genug? Und anstatt diese Aufgaben schnell hinter mich zu bringen, trödelte ich herum; ich legte meine Schiefertafel auf den Fenstersims, kaute am Griffel oder an den Fingernägeln und starrte trübselig hinaus in die schöne, lockende Welt draußen. Was war das auch für eine blödsinnige Aufgabe: aus einem Lesestück, das in der Schule schon bis zum Überdruß wiederholt worden war, dreißig Hauptwörter herauszusuchen und niederzuschreiben! Draußen spielten die Nachbarskinder, und keins von ihnen mußte Klavier üben! Die Hausgenossen sahen mich manchen Tag so stehen, und es bildete sich die Meinung, die kleine Tochter von Schmids müsse ein bißchen schwach im Kopf sein. Als dann eines Tages meine Mutter der Frau von nebenan erzählte, sie habe mich zur Aufnahmeprüfung fürs Gymnasium angemeldet, da guckte Frau Essich sichtlich betroffen und fragte nach einer Weile vorsichtig: »Glauben Sie denn, Ihre Elsbeth wird das schaffen?« Als später die Ergebnisse dieser Prüfung mitgeteilt wurden – ich hatte keinen Fehler im Diktat gemacht, meine

Rechenaufgaben richtig gelöst und der Aufsatz war gut –, da erlebte ich, wie meine Mutter mit dem Zeugnis spornstreichs hinüberlief zu Frau Essich, um es ihr voller Stolz unter die Nase zu halten. Es beeindruckte mich tief, daß sie es so wichtig nahm. Überhaupt merkte ich manchmal aus ihren Gesprächen mit anderen, daß sie mir etwas zutraute und in mancher Hinsicht stolz auf mich war. Davon war ich jedesmal fast überwältigt. Denn ich hielt mich selbst für ein Menschenkind, das seinen Eltern und dem Lehrer hauptsächlich Kummer bereitete, auch wenn ich oft nicht wußte, worin der Fehler lag.

Allerdings, je älter ich wurde, desto schärfer sah ich auch, wenn die Mutter im Unrecht war. Immer öfter lehnte ich mich leidenschaftlich gegen sie auf, versuchte, ihr meinen Standpunkt auseinanderzusetzen. Doch nichts, was ich vorbrachte, hatte die geringste Wirkung auf sie, immer beharrte sie auf ihrem Standpunkt, wies meine schroffen Angriffe ab. Manchmal versuchte ich, meinen Vater als Beistand zu gewinnen, wenn mein Recht so klar auf der Hand zu liegen schien. Doch das half nicht: Wenn ich gegen meine Mutter kämpfte, entzog er sich mir. Er hatte da so seine Redensarten; so konnte er sagen: »Gegen deine Mutter hast du niemals recht.« Damit mußte ich mich grollend zufrieden geben, und oft verstummte ich nur unter dem Zwang seines ruhigen Vaterblicks. Sein Blick hatte auf mich stärkere Wirkung als tausend Worte meiner Mutter.

Später, als ich etwas vernünftiger geworden war, konnte ich zuweilen ruhiger und sachlicher mit ihm sprechen über die Schwierigkeiten, die ich mit meiner Mutter hatte. Dabei sagte er mir immer wieder: »Du hast eine gute, treue Mutter und solltest Gott dafür danken. Freilich – wo viel Licht ist, da ist auch viel Schatten. Die Menschen sind nun einmal so beschaffen. Du mußt versuchen, das zu verstehen.« Aber ich hatte es nie eilig, etwas zu verstehen, das mir nicht behagte. Auch daß ich meine Eltern nicht als zwei einzelne Menschen betrachten durfte, die nebeneinander lebten, sondern als eine Einheit, wie es in der Bibel steht – solche Einsichten bahnten sich nur langsam und widerstrebend in meinem Kopf ihren Weg, vorerst schwankte meine Stimmungslage zwischen Überheblichkeit und dumpfer Lebensangst. Vor allem wenn ich nicht einschlafen konnte, malte ich mir allerlei Schrecknisse aus. Ich dachte, ich taugte zu nichts, nie würde mir etwas im Leben gelingen, nie würde jemand mich wirklich liebhaben können.

Der Schulwechsel bedeutete eine große Erleichterung und Entspannung in meinem Leben. Das Nürtinger Gymnasium war zwar ein alter Bau, aber mir erschien er in jeder Hinsicht wundervoll. Die Eingangshalle beeindruckte mich, mit dem Wasserbecken, wo man sich kleine Springbrunnen in den Mund sprudeln lassen konnte. Freundliche Lehrer, als ersten Klassenlehrer den herzensguten und frommen Herrn Frauer, an den ich mit Dankbarkeit zurückdenke. Auch die Beziehung zu den Mitschülern – es waren nun auch Buben dabei – war viel ungezwungener und fröhlicher. Allmählich konnte sich aus dem verkorksten kleinen Ding ein Mädchen entwickeln, das sich bereit fühlte, es mit dem Leben aufzunehmen.

In das erste Jahr dieser Schulzeit fiel allerdings eine schwere Krankheit, die sich über Monate hinzog und mich an den Rand des Todes brachte. Was mir fehlte, konnte nie mit Sicherheit festgestellt werden. Es begann mit Angina, später kamen allerlei Lähmungen hinzu, ich konnte zeitweise nur mit Mühe und kaum verständlich sprechen. Vor allem aber war es neu und sonderbar, zu jeder Zeit das Pochen des eigenen Herzens zu spüren, oft zögernd und holprig, dann wieder wild hämmernd, als wolle es meine Brust sprengen. Ich erinnere mich, wie ich spindeldünn unter meiner Decke liege und beobachte, wie sich die leichte Decke über mir mit jedem Herzschlag hebt und senkt. Ich erinnere mich auch, daß meine Eltern manchmal Tränen in den Augen hatten, wenn sie an meinem Bett saßen und mich anschauten. Ich bekam zahlreiche Besuche – von Schulkameraden und Lehrern, von Freunden und Kollegen meines Vaters. Oft häuften sich die Keks- und Pralinenpackungen auf meinem Nachttisch. Aber Essen war mir zuwider, auch von den guten Sachen wollte ich nichts anrühren. Bruder Theodor durfte davon nehmen, soviel er wollte – Gerhard machte sich nichts daraus. Und Theodor zeigte sich erkenntlich, indem er – wenn niemand sonst im Zimmer war – mir ganze Tassen von dem schrecklichen Nierentee leertrank. Sooft der Arzt kam, fragte ich ihn: »Muß ich immer noch diesen Tee trinken?«

Eins fragte ich nie: »Muß ich – vielleicht – sterben?«

Ich glaube wirklich, ich habe an sterben nicht gedacht. Jedenfalls empfand ich keine Todesfurcht. Allerdings – gesundwerden und leben – das war auch nicht wichtig für mich. Ich lag ohne eigentliche Schmerzen, wurde immer schwächer und dünner. Ich nahm alles, wie es war, und hatte nur den Wunsch, daß man mich mit Essen verschonte.

Ganz bestimmt hat mich meine Mutter in dieser Zeit treu gepflegt. Aber was mir in Erinnerung geblieben ist, das ist die hingebungsvolle Fürsorge meines Vaters. Er brachte mich mit Beharrlichkeit dazu, daß ich die widerlichen Arzneien schluckte, die verordneten Umschläge verpassen ließ. Vor allem aber war er es, der mich immer wieder zum Essen bewegte. Was ich auch bekam – alles schmeckte in meinem Mund wie aufgeweichter Pappkarton, blieb mir am Gaumen hängen, ich brachte es nicht hinunter. An einem wohl besonders kritischen Tag brachte mir mein Vater eine Scheibe weißes Brot, mit Butter und Hagebuttenmarmelade bestrichen – etwas vom Besten, was ich mir in gesunden Tagen denken konnte. Aber ich schüttelte abwehrend den Kopf, wollte den Mund nicht aufmachen. Da bat er mich so flehentlich – seine Stimme bebte vor Angst oder irgend etwas, das ich nie darin vernommen hatte; dabei nannte er mich mit einem Kosewort, das ich noch nie von ihm gehört hatte: »Mei Moggele!« Er tupfte mir sogar einen Kuß auf die Stirn – Vater hielt sonst nichts von Zärtelnamen und bot uns Kindern immer nur die Wange zum Kuß. Es war mir, als würde er gleich vor meinem Bett auf die Knie fallen und zu weinen beginnen. Da war ich überwunden und würgte das Brot hinunter.

Bald darauf kam die Wende zur Besserung. Allerdings bedurfte es dazu noch eines Anstoßes, und auch dieser kam von meinem Vater. Er wußte, wie sehnlich ich mir ein Fahrrad gewünscht hatte; nun kaufte er eines – ein prächtiges Ballonrad, wie sie damals gerade in Mode waren – und trug es herein ins Krankenzimmer. Da stand es nun, blitzend von Chrom und lackiertem Blech, gerade vor meinen Augen. Und nun ging es mit meinem Befinden von Tag zu Tag aufwärts. Ich mußte das Gehen neu lernen, wie ein kleines Kind mich an Möbeln aufrichten und durchs Zimmer tappen, von einem Halt zum nächsten. Eines Tages durfte ich auch wieder ins Freie, und nun machte der Vater täglich mit mir einen Spaziergang. Zuerst bis zum Nachbarhaus, den nächsten Tag bis zu einem bestimmten Baum, und so immer weiter, bis wir eines Tages die »Drei Linden« erreichten, wo eine Ruhebank stand. Und mein Vater war über jeden Fortschritt ganz beglückt.

Mit dem Fahrrad allerdings erlebte ich eine bittere Enttäuschung: Es zeigte sich, daß mein Herz so geschwächt war, daß mir der Arzt das

Radfahren noch für Jahre verbot. So war Bruder Gerhard der Nutznießer, und es gab mir immer einen kleinen Stich, wenn ich ihn stolz damit zur Schule fahren sah. Noch manches Jahr mußte ich mich vor Anstrengungen hüten, sonst begann mein Herz zu rasen. Und ich bin dankbar, daß sich diese Schwäche später verlor.

Ich möchte annehmen, daß sich diese Krankheitszeit günstig auswirkte auf das Verhältnis zwischen meiner Mutter und mir. Eine entscheidende Änderung trat jedoch nicht ein – die Auseinandersetzungen gingen weiter. Zum Glück gab es jedes Jahr eine große, wohltuende Pause: die Sommerferien. Sie dauerten sechs Wochen, und ich durfte sie vom ersten bis zum letzten Tag auf dem Mäderhof verbringen. Mit vollen Zügen genoß ich dort die Freiheit von allen in meinen Augen übertriebenen Zwängen und Verpflichtungen. Ich fühlte mich unbeschreiblich wohl. Aber sonderbar: Nach diesen Wochen kehrte ich mit Freuden nach Nürtingen zurück – auch zu meiner Mutter. Übrigens kam es – wenn auch selten – vor, daß jemand von den Mäderhöfern eine kritische Bemerkung über meine Mutter sich erlaubte; dann ertappte ich mich zu meiner Überraschung dabei, daß ich sie eifrig verteidigte.

In meiner Mutter – so vermute ich – löste schon das Wort »Mäderhof« immer die widerstreitendsten Empfindungen aus. Einerseits bedeutete es eine große Erleichterung, ihre beiden größeren Kinder über die Ferien gut aufgehoben zu wissen, und oft genug versicherte sie, wie sie sich auf diese ruhige Zeit freue. Der Jüngste blieb bei ihr zu Hause und fühlte sich da wohl genug. Unser Vater ging mit uns für einige Zeit auf den Hof, um bei der Öhmdernte zu helfen. Wie wunderbar war es, selbst zugreifen zu dürfen und zu erleben, wie die Scheune sich mit dem duftenden Öhmd füllte bis zu den Deckenbalken! Als wir größer wurden und immer herzhafter mithelfen konnten, wurde Vaters Hilfe nicht mehr so dringend gebraucht; so konnte er mit Mutter und dem Jüngsten zusammen eigene, bescheidene Ferienunternehmungen durchführen. Meine Mutter hätte also allen Grund gehabt, den Mäderhöfern dankbar zu sein. Doch niemals wollte sie das zugeben. »Die haben doch selbst den größten Nutzen davon«, konnte sie sagen. Es wurmte sie vermutlich immer, daß ihr Mann mit einem Teil seines Wesens dem heimischen Hof verhaftet blieb; ja daß auch mein Bruder Gerhard und ich dort Wurzeln faßten und unsere Maßstäbe von dort mitbrachten. Manchmal klang es wie ein Schmähwort, wenn die Mutter mich »Mäderhöfere« nannte; aber damit konnte sie mich nicht kränken, ich fühlte mich auch dorthin gehörig.

In der Nürtinger Zeit drängte sich die Welt des Mäderhofs noch auf andere Weise in unser Familienleben ein, und zwar in Gestalt von Vaters Schwester Lydia. Sie war ganz in der Nähe, in Oberensingen, als Gemeindeschwester tätig und hatte dort ein reiches Betätigungsfeld. Doch ihre Tatkraft war ungeheuer, schien nie zu erlahmen. Bei ihrem ausgeprägten Verantwortungsgefühl für die Verwandtschaft nahm sie regen Anteil an allen Familienereignissen. Fast jeden Sonntagnachmittag kam sie zu Besuch, und das Verhältnis zu ihr wurde für meine Mutter eine wirkliche Prüfung. Einerseits waren diese Besuche unbestreitbar in mancher Beziehung sehr erfreulich und hilfreich: Tante Lydia brachte immer alles mögliche Gute und Nützliche in ihrer unergründlichen Tasche mit, und in unserem Haushalt wußte sie für vieles Rat mit ihrem praktischen Sinn, worin sie meiner Mutter bei weitem überlegen war. Andrerseits aber scheute sie sich niemals, recht unverblümt ihre Meinung zu sagen zu allem, was ihr vor die Augen kam. Dabei rührte sie oft an Stellen, wo meine Mutter sehr empfindlich war; wenn sie etwa andeutete, daß ihrer Meinung nach die Mutter den Familienjüngsten ganz unvernünftig verhätschelte ... Da fällt mir ein Sonntag ein, an dem Tante Lydia besonders schwer beladen bei uns ankam: In Oberensingen war »Kirbe« (Kirchweih), und die Gemeindeschwester hatte wie jedes Jahr Unmengen von Kuchen geschenkt bekommen. Sie war zwar eine bescheidene Esserin, aber sie sorgte dafür, daß nichts umkam. Es gab genug Kranke und Einsame, die auf diese Weise auch ihre »Kirbe« hatten. Auch wir waren höchlich erfreut, als sie von dem duftenden Gebäck auf unsrem Tisch ausbreitete. Der Kaffee war gekocht, jedes durfte sich seinen Lieblingskuchen auswählen. Ich hatte mich schon auf den »Krautkuchen« gestürzt – der war eine Oberensinger Spezialität, schmeckte ähnlich wie Zwiebelkuchen, und ich konnte mir nichts Besseres denken. Alles war in fröhlichster Stimmung. Da brachte Tante Lydia aus dem Grund ihrer Tasche noch einen Karton zum Vorschein und legte ihn mit Unschuldsmiene auf den Tisch neben die Kuchenplatte. Er war mit kunstvoller Schrift beschrieben und zum Aufhängen mit einer Kordel versehen; ein Wort von Martin Luther – es lautete: »Wenn Kinder zärtlich und herrlich erzogen werden, so schadet es ihnen ihr Leben lang.« Wir legten den Spruch grinsend beiseite und fingen an, Kaffee einzuschenken. Doch Mutter ärgerte sich maßlos – ihr Appetit auf Kuchen war vergangen. Angesichts der schmausenden Familie blieb ihr freilich nichts übrig, als ihren Ärger hinunterzuschlucken. Und ihre wütenden Blicke gegen Tante Lydia waren verschwendet, sie prallten ab wie Nadelstiche an einem Krokodil.

Damals fand selbst ich, daß Tante Lydia zu weit gegangen war. Wir alle liebten unser Nesthäkchen zärtlich und hatten nie den Eindruck, daß die Liebe, die ihn umgab, ihm im geringsten geschadet hätte. Tante Lydia konnte doch nicht so naiv sein, zu glauben, wir würden den Spruch an die Wand hängen! Jedenfalls half ich eifrig mit, als am Abend meine aufgebrachte Mutter den Karton in kleine Stücke riß und in den Mülleimer stopfte. Der Vater lächelte dazu – er konnte dergleichen nie gar so ernst nehmen. Er sah wohl die Schwächen seiner Schwester und gab ohne weiteres zu, wenn er fand, sie habe übers Ziel hinausgeschossen. Aber er konnte sich nie darüber empören, weil er ihre vortrefflichen Seiten niemals aus dem Auge verlor. Wahrscheinlich reizte er die Mutter gerade damit zu einem

Groll, der zum größten Teil aus Eifersucht bestand. Sie wußte, daß sie seine uneingeschränkte Liebe besaß. Aber sie konnte nicht in Zweifel sein, daß er vor der Leistung seiner Schwester im täglichen Einsatz eine Hochachtung empfand, wie er sie nicht in gleicher Weise für seine Frau empfinden konnte. Das nagte an ihr; aber sie ging den Gefühlen, die sie leiteten, nie genau auf den Grund, war nie bereit, ernstlich über sich selbst nachzudenken. Dabei bestand in Wahrheit nicht der geringste Grund zu Eifersucht, denn es gehörte zu den besten Eigenschaften meines Vaters, von keinem Menschen mehr zu erwarten als ihm gegeben war.

Die Spannung zwischen den beiden Frauen nahm in diesen Jahren ständig zu, ohne daß es je zu offener Feindseligkeit gekommen wäre. Ja, Tante Lydia schien es gar nicht wahrzunehmen. Umsonst versuchte meine Mutter, den Vater dazu zu bringen, daß er einmal energisch für sie Partei ergriffen hätte gegen die Schwester. Aber meinem Vater waren Zänkereien verhaßt. Er konnte nicht streiten, und niemals ließ er sich zu Zornausbrüchen hinreißen. Auch gab es keinen Anlaß, der ein solches Auftreten wirklich gerechtfertigt hätte. Die kleinen Plänkeleien waren eher lächerlich – aber das durfte er nicht deutlich äußern. Es kam so weit, daß meine Mutter ihrer Erbitterung Luft machte, indem sie aus dem Familienalbum alle Aufnahmen entfernte, auf denen Tante Lydia zu sehen war. Mir fiel die Aufgabe zu, die entstandenen Lücken mit Scherenschnitten und ähnlichem zu überkleben. Ich empfand die Aktion als kindisch, aber ich hütete mich, dies verlauten zu lassen. Ich hatte für mein Teil genug Meinungsverschiedenheiten mit der Mutter auszutragen und wollte mich bei dieser Sache aus der Schußlinie heraushalten. Dies mußte mein Vater ausfechten, und seine einzige Waffe war dabei ein geduldiges, manchmal etwas gequältes Schweigen. Wenn es ihm einmal zuviel war, konnte er sagen: »Bitte sie doch einfach, ihre Besuche bei uns einzustellen ...« Darauf schwieg die Mutter. Schließlich war es in dieser Hinsicht eine Wohltat, als unsere Zeit in Nürtingen zu Ende ging und wir fortzogen. Mit der Entfernung beruhigten sich die aufgestauten Grollgefühle, der Mäderhof und die Mäderhöfer erschienen meiner Mutter später in milderem Licht. Es gab keine harten Konfrontationen mehr, so wurde sie geneigter, auch die guten Seiten zu sehen und anzuerkennen – allerdings mit gewissem Abstand.

Doch damit bin ich wieder der Zeit vorausgeeilt. Einstweilen wohnten wir in Nürtingen und ich lernte, mich in meinem Leben einzurichten, ohne allzu schmerzhaft anzustoßen. Wenn ich mit meiner Mutter zusammen war, so bemühte ich mich, allen Zündstoff fernzuhalten, und war zufrieden, wenn es ohne tiefere Zerwürfnisse abging. Doch gleichzeitig entwuchs ich ganz unmerklich dem Elternhaus immer mehr, der Umgang mit Gleichaltrigen gewann an Bedeutung.

Einschneidend für uns war, als bald darauf mein Bruder Gerhard uns verließ; er trat in das theologische Seminar Schöntal ein und kam nur noch selten übers Wochenende. Allerdings war die Lücke, die er hinterließ, nicht allzu fühlbar, er war in seiner Art immer ein eher unauffälliges Glied der Familie gewesen. Trotzdem fiel uns der Abschied schwer – am schwersten vielleicht dem Vater; die beiden hatten sich besonders gut verstanden, bei wenig Worten. Meine Mutter tröstete sich vor allem durch die liebevolle Anhänglichkeit ihres Jüngsten.

Ich schloß mich auch einem Mädchenbibelkreis an, fand eine eigene Beziehung zum Wort Gottes. An sich war der Glaube an Gott und den Herrn Jesus für mich von klein auf eine Selbstverständlichkeit gewesen. Ich hatte meinen Vater als Vorbild gesehen, und dies war so unangreifbar, daß sich kein Zweifel hatte einschleichen können. Die Frömmigkeit meiner Mutter hatte ich schon früh mit kritischen Augen überwacht. Ich beobachtete sie etwa, während mein Vater die Andacht las, und hatte dabei manchesmal den Eindruck, daß sie mit den Gedanken abschweifte. (Ohne mir Gedanken zu machen, daß ich in solchem Falle selbst nicht »bei der Sache« war!) Es kam vor, daß sie unmittelbar nach dem »Amen« mit irgendeiner Überlegung herausrückte, etwa: »Ich meine, wir sollten heut im Seminargarten nachsehen, ob die Erdbeeren schon reif werden!« Und mit pharisäischer Häme stellte ich bei mir fest: Aha – daran hat sie die ganze Zeit gedacht! Auch sonst maß ich ihr Verhalten unbarmherzig am Wort der Schrift – ohne denselben Maßstab auch an mich selbst anzulegen! – und kam oft genug zu dem Schluß: Sie ist gar nicht wirklich fromm – jedenfalls nicht so wie der Vater!

Nun wurde es eine neue und wichtige Erfahrung für mich, daß da junge Menschen zusammensaßen und sich ernsthaft – vor allem selbst-kritisch! – mit dem Wort Gottes und der Welt des Glaubens auseinandersetzten, sich um Wahrheit bemühten. In dem kleinen Kreis ging mir doch ein bißchen von meiner Verkehrtheit auf, dann und wann begriff ich blitzartig, wie wenig Recht ich hatte, irgendeinem Menschen den rechten Glauben abzusprechen. Ich blieb freilich weit genug entfernt von wirklicher Selbsterkenntnis und rechter Einstellung zu den Menschen, vor allem zu meiner Mutter! Aber einen kleinen Schritt durfte ich doch vorwärts tun. Und es war mir ernst mit dem Bekenntnis am Tag meiner Konfirmation: »Herr Jesus, dir leb ich, dir leid ich, dir sterb ich, dein bin ich tot und lebendig ...«